ちくま新書

日本経済の死角
——収奪的システムを解き明かす

河野龍太郎
Kono Ryutaro

1840

はじめに

†日本の生産性と実質賃金の怪

2024年9月27日の自民党総裁選でも、同年10月27日の衆議院議員総選挙でも論点だったのは、低迷する実質賃金の引き上げでした。日本の経済エリートは、生産性を上げなければ、実質賃金を上げることはできないと論じます。しかし、本書が明らかにする通り、日本の場合、実質賃金が上がらないのは、生産性の問題ではありません。

1998年〜2023年までの四半世紀で、日本の時間当たり生産性は3割上昇しましたが、時間当たり実質賃金はこの間、なんと、横ばいです。正確には、近年の円安インフレで3%程度下落しました。

その間、米国では生産性が5割上昇し、実質賃金は3割弱上がっています。ドイツやフランスの生産性の改善は、日本に劣りますが、実質賃金はフランスが米国に匹敵し、ドイツも米仏ほどではありませんが上昇し、日本をはるかに上回ります。

ただ、過去四半世紀、日本では実質賃金が全く上がっていないというと違和感を持つ人が少なくありません。大企業を中心に、長期雇用制の枠内にいる人は、過去四半世紀の間、ベースアップはゼロが続きましたが、毎年、2%弱の定期昇給（定昇）が存在するため、属人ベースでは実質賃金は1・7倍程度、膨らんでいるからです。

実質賃金は横ばいと言うと、それは、生産性の低い中小企業の話だと受け止める大企業経営者も少なくありません。現実には、多くの大企業でも、現在の部長職や課長職の実質賃金は、四半世紀前の同じ役職者に比べると、むしろ低下しているのが実態です。

長期雇用制の枠内にいる人は、定昇のお陰で、属人ベースでは実質賃金が増えていますが、長期雇用制の枠外にいる人は、人手不足で実質賃金が上がったといっても、もともと賃金水準が極めて低く、経験を積んでも、実質賃金が上がるわけではありません。

それでも何とか暮らしていけたのは、物価も安かったからですが、過去3年の円安インフレで、実質賃金は損なわれ、ギリギリの状態に追い込まれました。これが、2024年10月末の衆院選で与党が過半数割れし、日本でもついに、ポピュリズムの政党が台頭し始めた真因ではないでしょうか。

†本書の執筆動機

本書は、日本の経済構造を分析したものです。既に筆者は2022年に、日本経済の長期停滞の原因について、『成長の臨界』を慶應義塾大学出版会から上梓しています。そこでは、儲かっても溜め込んで、実質賃金の引き上げも、人的資本投資にも慎重な大企業が長期停滞の元凶であることを明らかにしました。

実質賃金を引き上げないから、個人消費が停滞し、その結果、国内売上が増えないために採算が取れず、企業は国内投資を増やさないのです。典型的な「合成の誤謬《ごびゅう》」が続いていることを論じました。

冒頭で示したように、日本で実質賃金が上がらないのは、生産性が低いからではないのですが、前掲書を執筆後も大企業経営者に会うと、生産性が上がらなければ、実質賃金を上げられないと真顔で繰り返します。事実を広く伝えなければ悪循環から抜け出せないと考え、日本経済の課題を一般向けに分かりやすく論じようと、改めて筆を執った次第です。

もう一つの執筆動機は、2024年のノーベル経済学賞に選ばれたダロン・アセモグルやジェームズ・A・ロビンソン、サイモン・ジョンソンらの論考が、日本の長期停滞を考える上で大きなヒントになると考えたことです。アセモグルとロビンソンは、2012～2013年に世界的なベストセラーとなった『国家はなぜ衰退するのか』において、歴史的な視点も踏まえ、収奪的な社会制度の下では一国は衰退し、包摂的な社会制度でなければ繁栄できないことを明らかにしました。

彼らは、金権政治がまかり通るようになり、イノベーションの恩恵が一部の人々に集中する米国が収奪的社会に向かうのを警告したのです。これは日本にも当てはまる話ではないでしょうか。皆が気付かないうちに、日本も収奪的社会に向かっているから、長期停滞から抜けだせないのではないかと、筆者は懸念するようになりました。生産性が上がっても実質賃金を全く上げないのは収奪的です。何より、固定費である人件費を変動費に変換するために非正規雇用制が一般的になっているのは、収奪的という誹《そし》りを逃れることはできません。

日本では、イノベーションが成長の鍵であると考える人が少なくありませんが、アセモグルとジョンソンは最近の論考で、イノベーションの本質は収奪的であり、その方向性を包摂的なものに変えていかなければ、一部の人々に恩恵が集中し、多くの人を苦しめることなると警鐘を鳴らしています。筆者も全くの同感です。

こうしたアセモグル、ロビンソン、ジョンソンらの論考を日本の読者に分かりやすくお伝えしようと筆を進めていたのですが、ちょうど、執筆の最終段階に差し掛かったところで、彼らが２０２４年のノーベル経済学賞に選ばれたという次第です。

彼らの論考も参照し、日本経済の「死角」を多面的に指摘し検証していきたいと思います。一般向けに分かりやすく書かれた書籍で、アセモグルらの最新の論考に踏み込んだ類書は今のところ存在していません。

†本書の内容

既に本書の内容にかなり踏み込んでいますが、以下、各章の内容をざっと紹介しましょう。

第１章は、本書の総論的位置付けです。日本の実質賃金が低迷しているのは、生産性の問題ではないことを国際比較などから明らかにします。また、儲かっても溜め込み、実質賃金の引き上げにも人的投資にも消極的な大企業が長期停滞の元凶であることを確認した上で、なぜそうした状況に陥ったのか、歴史的に分析していきます。アセモグルやロビンソンらの論考を基に、日本の長期停滞を考えます。

第2章では、実質賃金を引き上げないことのマクロ経済的な弊害を大企業経営者が認識できない理由を深堀りします。人口が減っているから消費が増えない、と大企業経営者は繰り返しますが、過去四半世紀、生産性は3割も上がっているので、人口減少を理由にするのは誤りです。今も実質ゼロベアが続いていますが、長期雇用制の枠内にある人は、賃金カーブに沿って、毎年の昇格、昇級で、それなりに実質賃金が上がります。しかし、枠外にいる人たちは、そうした恩恵を全く得られていません。四半世紀にわたって実質賃金が全く上がっていないのは、近代以降、先進国では前例がありません。これが「貧しくなった日本」の真因であり、インバウンドブームを喜んでいる場合ではありません。

第3章では、好調な海外直接投資の実相に迫ります。国内では売上が増えないため、国内投資は抑えられ、海外での投資ばかりが積極化されていますが、その恩恵は、国内にほとんど広がっていません。海外投資の収益率が高いのであれば、やむを得ないとも言えるのですが、実は多くの人が思っているほど、それが高いものではないことを明らかにします。

第4章では、雇用と物価をめぐる近年の日本銀行の二つの誤算についてお話しします。

２０１３年に異次元緩和を始めた際、２％インフレ達成の短期決戦に踏み切ったのは、団塊世代の退職で人手不足が始まり、賃金が上昇すると日銀首脳が見込んでいたからだと思われます。しかし実際には、高齢者と女性の労働供給の増大が賃金上昇を大きく抑えることになりました。これが第一の誤算です。第二の誤算は、現在進行中ですが、当初、短期に終息すると説明していた円安インフレが長引いていることです。これは、働き方改革で、正社員が残業を行うことができなくなり、経済の供給の天井が低くなっていることが大きく影響していると思われます。

働き方改革で、残業が増やせなくなったことは、供給サイドの柔軟性を損ない、潜在成長率が低下していることを意味します。なぜ、この深刻な事態を政策当局者は見過ごしているのでしょうか。第5章では、１９９０年代に日本の潜在成長率が大きく下方屈折した際も、週40時間労働制への移行という働き方改革が大きく影響していたにもかかわらず、今回と同様、政策当局者が問題を見過ごしていたことを明らかにします。

第6章では、日本の長期雇用制の行方とコーポレートガバナンス（企業統治）改革の弊害についてお話しします。筆者は、企業の長期的な成長を考えた場合、長期雇用制がなお有効だと考えています。ただ、日本の雇用制度にガタが来ているのも確かなので、そのための改革の方向性についてもお話しします。また、1990年代末以降のコーポレートガバナンス改革が、日本経済のマクロパフォーマンスを少なからず損なったことも、指摘します。

第7章では、アセモグルやジョンソンらの論考を基に、イノベーションの本質について検討します。日本では「イノベーションで成長を高める」というのが常套句《じょうとうく》ですが、実際には、イノベーションには収奪的なものと包摂的なものの二つのタイプがあって、前者は恩恵が一部の人に偏り、むしろ多くの人を苦しめます。イノベーションは、本来収奪的であって、それを社会が飼いならす必要があることを論じます。

それでは、皆さん、筆者とともに日本経済の「死角」をめぐる謎解きの小旅行に出かけましょう。

(本文中に取り上げる人物の敬称を省略しています)

日本経済の死角――収奪的システムを解き明かす【目次】

第4章　労働市場の構造変化と日銀の二つの誤算　129

第1章

生産性が上がっても実質賃金が上がらない理由

本章で論じるのは実質賃金と生産性の関係をめぐる死角である。

1　なぜ収奪的な経済システムに転落したのか

✝アベノミクスの大実験の結果

２０１２年12月～２０２０年９月の第二次以降の安倍晋三《あべしんぞう》政権の下では、大規模な拡張財政や金融緩和が続けられました。いわゆるアベノミクス（以下、アベ政策）です。その後、２０２０年９月～２０２１年10月の菅義偉《すがよしひで》政権と２０２１年11月～２０２４年10月の岸田文雄《きしだふみお》政権でも、アベ政策が継承されたので、かれこれ10年以上も続けられました。政策当局者は、デフレではない状況になったと早い段階から言っていましたが、株価は上がったものの、今も日本の経済成長率は低いままで、実質賃金も低迷が続いています。

ですから、2024年8月31日に岸田文雄首相が退陣を正式に表明し、9月27日に自民党総裁選で後任として石破茂《いしばしげる》が選ばれた際、少なくとも経済の専門家の間では、さすがに拡張財政や金融緩和などマクロ経済政策の不足が、日本の長期停滞の原因と考える人は、もはや少数派でした。アベ政策がスタートした2012年末の段階では、金融緩和が不足しているから、日本経済が停滞から抜け出せないと主張されていたわけですが、10年に及ぶ大実験によって、そうした主張が正しくないことは、既に証明されていたようなものだったのです。

現実問題として、岸田文雄政権が退陣に追い込まれたのは、自民党の「政治とカネ」という大きな問題がありましたが、アベ政策の象徴であった日本銀行の異次元緩和の副作用である超円安が引き起こした輸入インフレに、日本の家計が酷《ひど》く苦しめられ、そのことも政権支持率が低迷から抜け出せなかった大きな要因だと筆者は考えてきました。

石破茂首相に「選挙の顔」を刷新して臨んだはずの2024年10月27日の衆議院議員総選挙では、自民党と公明党の連立与党が過半数割れに追い込まれ、少数与党として、不安定な政権運営を余儀なくされています。

成長戦略の落とし穴

「拡張財政や金融緩和の不足が長期停滞の原因ではない」。当初からそう考えていた少なからぬエコノミストは、成長戦略が不十分であると繰り返していました。もともとアベ政策は、「大胆な金融政策」、「機動的な財政政策」、「民間投資を喚起する成長戦略」のいわゆる「三本の矢」で構成されていましたが、一時的な効果しか持ちえない金融政策と財政政策ばかりが追求されて、肝心の成長戦略が不十分だと多くのエコノミストは考えていたわけです。

金融政策や財政政策は、景気を刺激することはできますが、その効果はあくまで一時的です。金融政策の効果は「需要の前倒し」であって、財政政策の効果は「所得の前借り」に過ぎません。継続的に成長率を高めるためには、潜在成長率を引き上げなくてはなりませんが、そもそも財政・金融政策では対応できません。成長戦略が十分ではなく、潜在成長率を改善させることができなかったから、アベ政策には十分な効果が現れなかった、という解釈なのでしょう。

それは、もっともな考え方だと思います。ただ、成長戦略の重要性を否定するわけではないのですが、筆者自身は、そうした多くのエコノミストの意見には、少し距離を置いてきました。というのも、潜在成長率を上昇させることが大事だとしても、果たしてその方法は分かっているのでしょうか。

ある時、2019年にノーベル経済学賞を受賞した開発経済学者のアビジット・バナジーのインタビュー記事を読んでいると、「我が意を得たり」の言葉に出会いました。バナジーは、次のように語っています。

「経済成長を促すメカニズムはまだよく分かっていない。とりわけ（先進国のような）富裕国で再び成長率が上向きになるのか、どうすれば上向くのか、ということははっきりいって謎である」。（『世界最高峰の経済学教室』245頁）

新興国については、先進国のお手本があるため、どのようにすればよいか分かっていますが、先進国において、確実に成長を高めるための方策は、経済学的には分かっていないというのが現実なのです。

経済論壇などでは、「これこそが成長戦略だ」といって自説を売り込む政策プロモーターは後を絶ちません。しかし、多くは、良くて微益微害であって、いずれにせよ、メリットとコストを足すと、大方はゼロサムのようにも見えます。大きなメリットを受ける人がいる場合には、誰かほかの人たちが、広く薄く負担を強いられているのが実情ではないでしょうか。近年は、成長戦略に名を借りた保護主義政策も少なくありません。経済専門家の間で合意可能な成長戦略は、規制緩和くらいではないでしょうか。

†未完に終わった「新しい資本主義」

筆者自身は、人口減少の影響を除くと、日本の長期停滞が続いているのは、①儲かっても大企業が溜め込んで、賃上げや人的投資が長く疎《おろそ》かにされてきたこと、②社会情勢が大きく変化して、家計の直面するリスクが大きく変化したにもかかわらず、それに応じた社会保障制度のアップグレードを政府が怠り、セーフティネットで包摂されない人が増えていること、などが理由だと長く考えてきました。そうした政策が手つかずのままだから、少子化も加速しているのではないでしょうか。

前掲のバナジーが喝破したように、確たる成長戦略は存在しません。効果の定かではない成長戦略に注力するよりも、所得再分配やセーフティネットのアップグレードなど、社会包摂を最優先すべきだと長く考えてきたのです。

2021年11月に岸田政権が発足した際、当初は、「新しい資本主義」のスローガンが掲げられたことから、岸田首相は、所得再分配やセーフティネットのアップグレードに本格的に乗り出すのだと、筆者は大いに期待していました。実は、2022年7月に慶應義塾大学出版会から上梓した『成長の臨界――「飽和資本主義」はどこへ向かうのか』は、「新しい資本主義」に向けた長期の課題を詳細に論じたものでした。

しかし、岸田政権では、従来の政権と同様、育児と仕事の両立や保育施設の整備、若年層の結婚・出産支援、児童手当の拡充などの少子化対策が進められたとはいえ、気が付くと、デジタル化の推進やGX（グリーンイノベーション）、地方創生、人材育成、サプライチェーン強化、外国企業誘致など、歴代政権が掲げてきた成長戦略の焼き直しとあまり変わらなくなってしまったことは、大変に残念なことでした。

†生産性が上がっても実質賃金は横ばい

成長戦略ではなく、所得再分配が優先課題というと、驚く人もいるかもしれませんが、まず**図1-1**を見ていただきたいと思います。1998年を100として、日本の時間当たりの生産性と時間当たりの実質賃金の推移が描かれています。1998年から2023

図１－１　日本の生産性と実質賃金（暦年、1998年＝100、時間当たり）

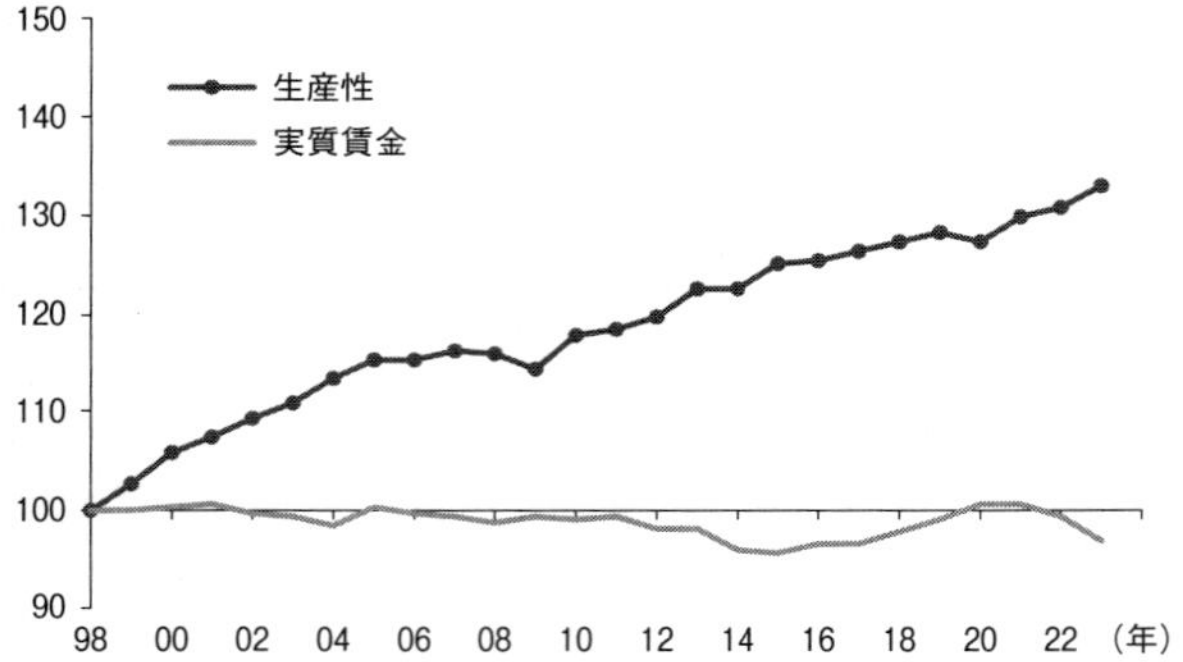

（出所）総務省、厚生労働省、内閣府資料より、BNP パリバ証券作成

年までの間に、生産性は累計で30％ほど上昇していますが、実質賃金は横ばいのままです。いや、正確には２０２１年以降のインフレの影響もあって、１９９８年対比で２０２３年の実質賃金は３％程度減少しています。

ここで釘を刺しておきますが、２０２３年春闘から高めの賃上げが始まり、２０２４年春闘も高い賃上げになったのだから、この問題は既にケリが付いたなどと、考えてはいけないと思います。物価高に賃上げは全く追いついておらず、２０２４年半ばまでの３年間、実質賃金は減少が続きました。２０２４年夏頃に、ようやく下げ止まってきたところであって、ここからは、これまでの穴埋めが必要です。２０２５年以降の春闘でも、高めの賃上げを続けてもらわなければ、減少を取り返せません。

†米国の実質賃金は25％上昇

それでは、他国はどうなっているのでしょうか。まず、米国を見ると、１９９８年末以降、２０２３年までに時間当たり労働生産性は50％程度上昇しました（図1-2）。時間当たり実質賃金は、一時、30％程度上がっていましたが、コロナ禍初期に一時目減りし、その後は徐々に取り戻して、１９９８年からの上昇は累計で25％程度に上ります。実質賃金は、生産性ほどには改善していませんが、日本に比べると大きく増えているということです。

ただし、このデータの裏側には、第7章でお話しするように、スキルの高い人々の実質賃金が大きく増え、一方で、スキルの乏しい人々の実質賃金は低迷を続け、所得格差が広がっているという事実が隠されていることを、認識しておく必要があります。米国では、イノベーションで生産性が上がっても、一部の人々に恩恵が集中するという、いわば収奪的な動きが政治の不安定性につながっているというのは、改めて論じたいと思います。

図1－2　米国の生産性と実質賃金（暦年、1998年＝100、時間当たり）

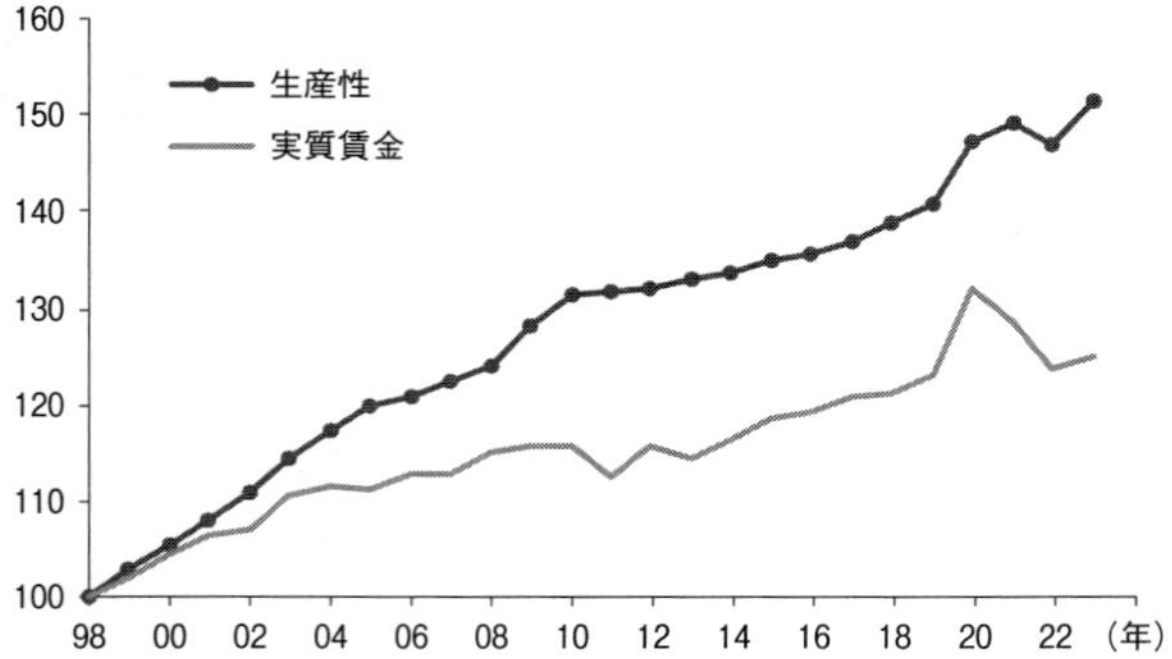

（出所）Macrobond、OECD 資料より、BNP パリバ証券作成

欧州は日本より生産性は低いが実質賃金は上昇

これらの数字を見て、読者はどう考えるでしょうか。米国と同程度に生産性を高めれば、日本も多少は実質賃金が上がるはずだから、成長戦略にもっと注力すべきと考える人もいらっしゃるかもしれません。ただ、そうした判断を下す前に、欧州のデータを見ていただきたいと思います。ここで持ち出すのは、経済運営がとても上手く行っているスウェーデンとかデンマークではありません。欧州の大国であり、日本と同様に経済運営に苦しむドイツとフランスです。

図1-3は、米国と日本に、ドイツとフランスを加えた4カ国の時間当たり生産性の推移を描いたものです。**図1-4**は、それらの4カ国の時間

図1－3　時間当たりの労働生産性（暦年、1998年＝100）

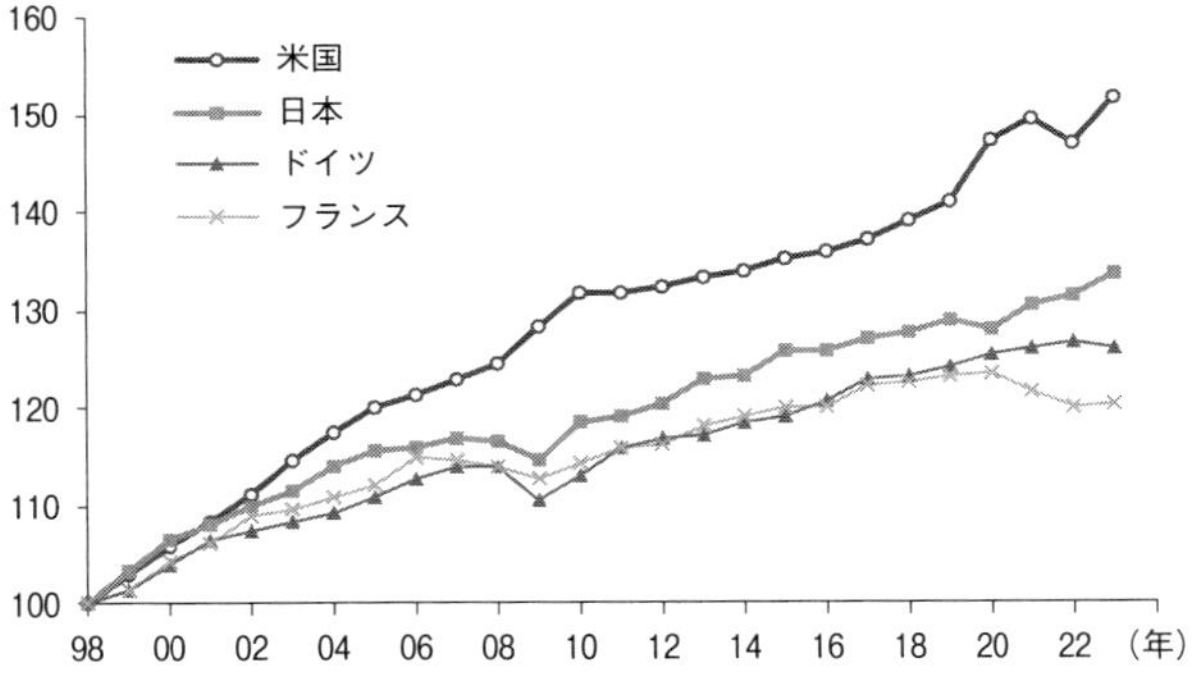

（出所）OECD 資料より、BNP パリバ証券作成

図1－4　時間当たりの実質賃金（暦年、1998年＝100）

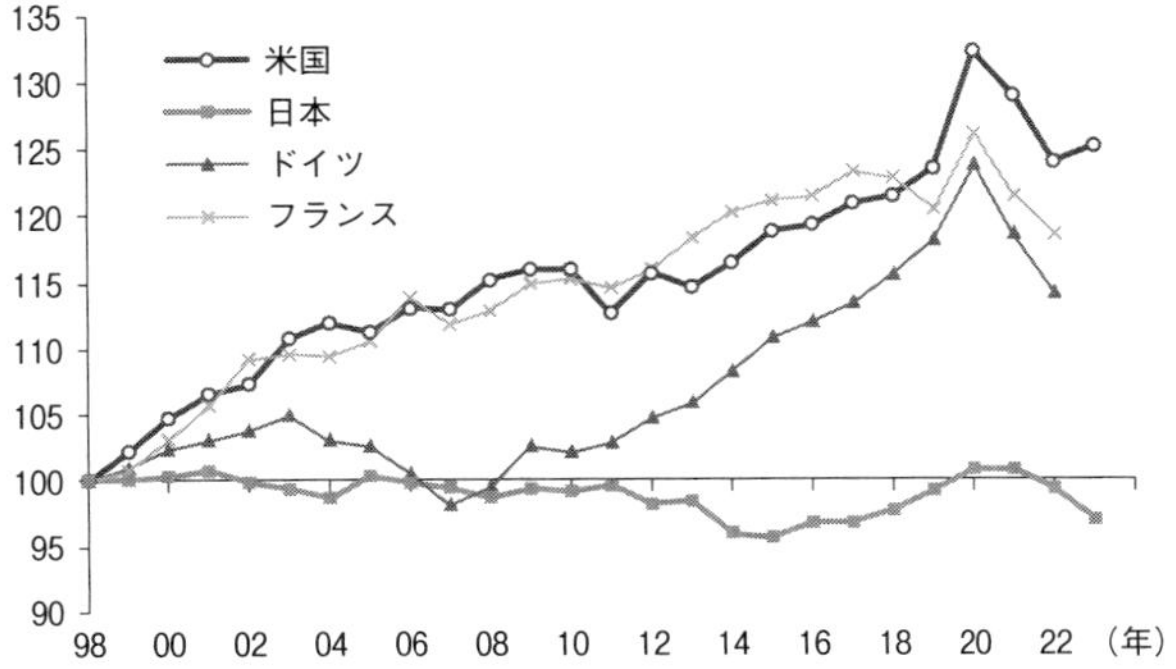

（出所）総務省、厚生労働省、Macrobond より、BNP パリバ証券作成

当たり実質賃金の推移を見たものです。

1998年以降、日本の時間当たり生産性は30％程度上昇し、50％上昇した米国には及ばないとはいえ、25％程度上昇したドイツや20％程度上昇したフランスに比べると高めであり、決して不出来とは言えません。一方で、日本の時間当たり実質賃金は、ドイツ、フランスに大きく劣後しています。生産性で劣るはずのフランスは、少なくともコロナ前までは、米国の実質賃金に匹敵する動きを見せており、累計では20％弱、ドイツの実質賃金は米仏には及ばないものの15％弱と、全く増えなかった日本と違って増加しています。

労働者の権利を重視する社会民主主義的な傾向の強いドイツやフランスでは、生産性が改善すると、それが実質賃金にも明確に反映されています。つまり、企業が新たに付加価値を生み出した際、株主がリスクテイクの対価として期待する資本収益率を上回る利益については、労働者にも分配するというレント・シェアリングの社会慣行が根付いているわけです。レントというのは、経済学の用語で、地代という意味もありますが、ここでは、株主が取ったリスクに見合う収益を超えた部分（超過リターン）を意味します。

1980年代以降、新自由主義が世界を席巻し、すっかり社会民主主義的な要素が失われてしまった米国では、確かに資本の取り分が大きく増えています。それでも、増えた付加価値の一部（超過リターンの一部）は、労働者の貢献として実質賃金に反映されています。しかし、日本ではそれが全く反映されていないのです。

†日本は収奪的な社会に移行したのか

これらのデータで、筆者の主張の意味するところが、お分かりいただけたのではないでしょうか。日本の問題は、生産性が低いから実質賃金を引き上げることができない、ということではないのです。生産性が上がっても、実質賃金が全く引き上げられていない、というのが真実なのです。それゆえ、筆者は、生産性を上げることの重要性は否定しないものの、喫緊の課題は所得再分配であると長く訴えてきました。家計が収奪されているから、日本経済は長期停滞が続いているのではないでしょうか。

この問題を解く鍵が、2024年のノーベル経済学賞を受賞したダロン・アセモグル、ジェイムズ・A・ロビンソン、サイモン・ジョンソンらの論考にあります。この3人は本書に度々、登場しますが、まず、アセモグルとロビンソンの二人は、2012〜2013年に世界的ベストセラーとなった『国家はなぜ衰退するのか――権力・繁栄・貧困の起源』において、様々な歴史的事例から、衰退する国家と繁栄する国家には、政治経済的な制度に大きな違いがあることを明らかにしました。

衰退する国家の制度は、収奪的であり、一部の社会エリートが富を独占します。繁栄する国家の制度は包摂的であり、幅広い人々が政治プロセスに参加し、権力が分散されて、自由競争と技術革新が奨励され、豊かさを分かち合うといいます。

アセモグルとロビンソンが懸念したのは、権威主義国家の中国の行く末だけではありませんでした。当時はまだ中国が二桁近い成長を続けていましたが、収奪的な社会システムのままでは、高成長は続かないというのは、経済の専門家の間では、コンセンサスになっていたと思われます。ただ、アセモグルとロビンソンの念頭にあったのは中国だけではなく、自由競争と技術革新が広く奨励されてきたはずの米国においても、イノベーションの果実である富が一部の人々に集中すると同時に、青天井の企業献金が容認され、金権政治がまかり通るようになっており、収奪的な社会へとシフトしているのではないかという問題が強く意識されていました。

なお、翻訳書が日本で出版された際、「収奪的（Extractive）」という言葉に対立する言葉として「包括的」という和訳が当てられていました。2024年のノーベル経済学賞の受賞関連のマスコミの記事でも日本では、「包括的」という言葉が使われているケースがあります。ただ、英語表記は「Inclusive」であり、本書では、「包摂的」という言葉を使っています。アセモグルたちの真意は「包摂的」であり、その後の著作では「包摂的」が訳語に当てられています。「包括的」と訳すると、「Comprehensive」と受け取られ、ちょっと異なる意味になってしまいます。

さて、アセモグルとロビンソンが2020年に出版した『自由の命運――国家、社会、そして狭い回廊』でも、米国が収奪的な社会に向かっていくことがより明確に懸念されていました。ただ、これらの書籍が日本で話題になった際、皆が貧しくなっているとしても、わが日本では、目立った経済格差が広がっているわけではないとして、他人事だと考えられていました。

灯台下暗し。包摂的だったはずの日本の社会制度は、いつの間にか、収奪的な社会に向かっているのではないでしょうか。同時に、四半世紀にわたって実質賃金が横ばいで抑えられてきた結果、諸外国に比べて、日本は、経済的な豊かさが大きく劣後するようになっているのではないでしょうか。

図1－5　利益剰余金と人件費（全規模全産業、兆円）

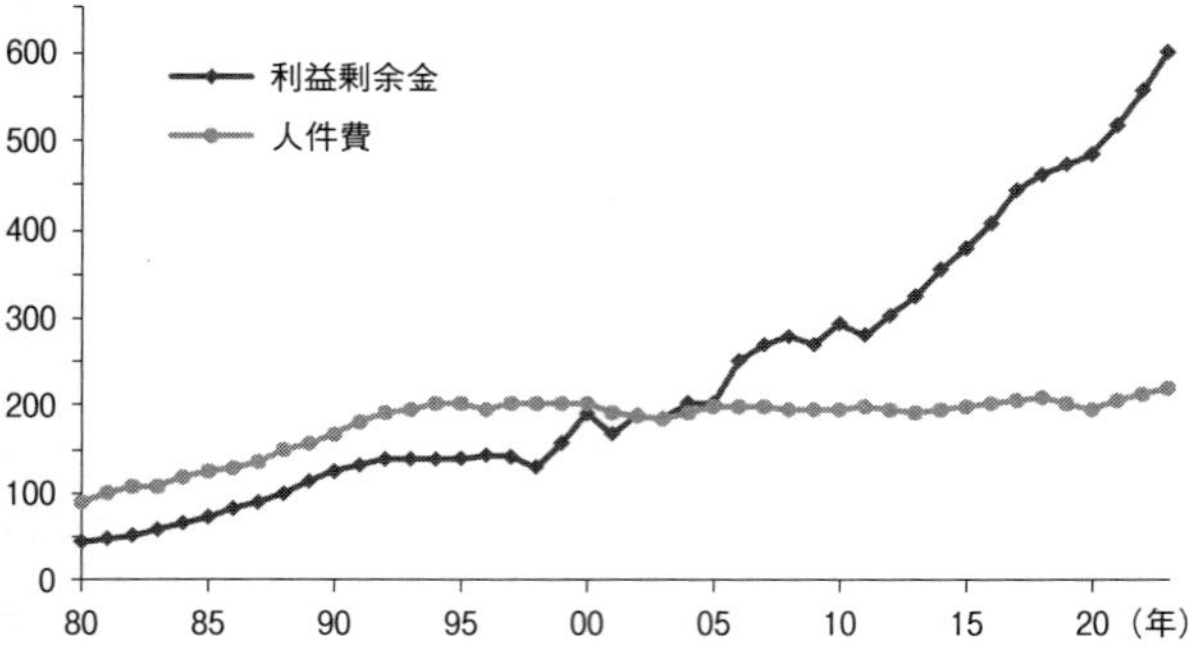

（出所）財務省資料より、BNP パリバ証券作成

儲かっても溜め込む大企業

筆者が２０２２年に上梓した『成長の臨界』で明らかにしたのは、日本の長期停滞の元凶が、儲かっても溜め込んで、賃上げにも人的資本投資にも消極的な日本の企業、特に大企業ということでした。**図1－5**が示す通り、１９９０年代末に１３０兆円だった利益剰余金は、アベ政策がスタートする直前に３００兆円超まで増加していましたが、２０２２年度には５５０兆円を超え、２０２３年度は６００兆円の大台に乗りました。

一方、過去四半世紀、（実質）賃金は横ばいだったため、近年、人件費は増えたと言っても、利益剰余金の増え方に比べると、極めて限定的であり、横ばいに近いように見えます。過去10年、利益剰余金は、毎年27兆円ものペースで積み上がっています。

GDP統計で見ると、雇用者報酬は300兆円程度ですが、1～2%のベースアップに相当する3～6兆円の積み増しすら難しいとされてきた一方で、利益剰余金は、それをはるかに上回るペースで拡大していて、2023年度は何と50兆円の増加です。長くベースアップがストップした後、2023年度には1%台後半のベースアップ、2024年度には3%台半ばのベースアップが実現しましたが、それらによる人件費の増加は、利益剰余金の拡大に比べればとても慎ましいものだった、ということです。

『成長の臨界』の執筆動機は、同書中にも記載していますが、パンデミック危機が始まった直後の2020年春に、ある大企業経営者から、筆者の「大企業元凶論」について、反論されたことでした。曰く、利益剰余金を溜め込んでいたから、コロナショックで売上が急減しても、倒産や雇用リストラを避けられた。つまり、溜め込んできたお陰で、コロナ危機を乗り切れたということです。

コロナ危機でこうした大企業経営者の成功体験は再び強化されたわけで、だとすると、今後も会社存続と正社員の維持のために、経営者は利益剰余金を積み増し、日本の企業部門は貯蓄を続けます。そう懸念し、筆者は警鐘を鳴らしたつもりだったわけですが、その甲斐なく、今も利益剰余金の積み上がりが加速しています。それにしても、日本の大企業はいつからこうした行動を取るようになったのでしょうか。

†不良債権問題と企業の貯蓄

経済主体別の貯蓄投資バランスを見ると、本来、借入を行って投資の主体となるはずの企業部門は、借金返済のために、1998年度以降は一貫して、フローでは貯蓄主体となっています。家計が貯蓄し、企業が投資で吸収するのが正常な経済の姿ですが、そうなっていないのです。利益剰余金の増加は、企業部門が全体では貯蓄主体となっていることと対応しています。今も借金を返済しているということです。

振り返ると、1990年代末の日本経済は、深刻な不良債権問題を抱えていました。不良債権問題というのは、貸し出した資金が返ってこないという金融機関サイドから見たものです。その表側である実体経済においては、事業会社がバブル期に過剰雇用や過剰設備、過剰債務を抱え、バブル崩壊後に債務を返済するために、コストカットに邁進《まいしん》し、支出を抑制し、膨張していたバランスシートを健全化させました。

もちろん、理論的には、過剰問題を抱えていても、新しい収益機会が存在するのなら、企業は借入を行って新たな投資をすることは不可能ではないし、経済成長も可能というロジックは成り立ちます。これが、当時、不良債権問題を深刻視する必要がないと考えられた理由の一つでした。

しかし、現実の経済においては、過剰債務を抱え倒産リスクに直面した企業は、経営資源を前向きの行動に割り当てることはまずできないので、今となっては奇妙な理論に思われます。過剰な借金で、言わば酷《ひど》い「二日酔い状態（デット・オーバーハング）」が続き、それが企業の設備投資や採用行動、人材育成など、前向きの行動を困難にしていたわけです。当時はこのデット・オーバーハング理論が奇妙な理論だと見なされていました。

さて、個別の企業が財務基盤を強化するのは、望ましいことですし、必要なことでもあります。ただ、企業部門が広く採用活動や投資行動、人材育成を控え、支出が抑制されるとなると、家計の貯蓄を企業の投資で吸収することができなくなり、マクロ経済は縮小均衡を辿るという「合成の誤謬《ごびゅう》」が生じます。

それゆえ、過剰の調整過程で、企業部門で発生した貯蓄超過を吸収すべく、政府が拡張財政を進めることや、外需を拡大するために、円高回避や円安促進を目指して金融緩和を行うことも理にかなっていたと思われます。ただ、アグレッシブな金融緩和である異次元緩和をどうせやるのなら、なぜ2013年ではなく、不良債権問題を抱えていたこのタイミングで行わなかったのでしょうか。政策には「適時適切」という言葉があります。

†筋肉質となった企業がとった行動

さて、当時、過剰問題が解消されれば、企業は、その儲けを含め資金（キャッシュフロー）を投資に振り向け、雇用も増やすはずだと、筆者を含め、大方のエコノミストは考えていました。しかし、2000年代半ばに、企業の過剰問題が解消され、不良債権問題が終息した後も、大企業は財務基盤の強化に拘《こだわ》り、賃上げ抑制を含め、支出抑制を続けました。

筋肉質となって、もうそれ以上贅肉《ぜいにく》を落とすことが難しくなっても、コストカットやバランスシートのスリム化を企業は続けたのです。この結果、不良債権問題解消後も、マクロ経済的には企業部門の貯蓄超過は継続し、それが定着しました。

企業がリスクを取って、人的投資や無形資産投資、人的投資を行わないのだから、潜在成長率が滞るのも当然でしょう。設備投資は資本減耗の水準まで低下し、純投資は相当に低い水準まで低下しています。つまり、行われるのは更新投資ばかりであって、純資本ストックの増加はほぼ止まったままです。

正確には、不良債権問題が解消された直後の2000年代半ばには、まだ設備投資などを積極的に増やす大企業も存在していました。1990年代末に過剰問題を抱えていたのは、主に内需系の企業でした。不良債権問題の余波で、比較的健全だったはずの製造業が資金調達に支障を来すことが懸念されましたが、仮にダメージがあったとしても、極めて限定的だったと思われます。

しかし、2000年代末のリーマンショックに端を発するグローバル金融危機では、輸出が急減しました。グローバル経済の急激な収縮で、海外での売上の「蒸発」に直面した大企業・製造業では、一部が倒産リスクに直面し、中高年社員を中心に雇用リストラを余儀なくされました。それ以降、万が一に備えて、儲かってもコストカットを継続し、人件費の抑制を続け、利益剰余金を積み上げる動きが加速したわけです。本来、投資主体であったはずの企業は恒常的に貯蓄主体となったのです。

†守りの経営が定着

振り返ると、1990年代初頭のバブル崩壊以降、1997〜1998年の金融危機とアジア通貨危機、2001年のドットコムバブル崩壊、2008年のグローバル金融危機、2009年以降の欧州債務危機、2011年の東日本大震災、そして2020年のコロナ危機と、不運にも日本経済に危機が繰り返し到来しました。

この間、財界では、攻めの経営でリスクを取った経営者は、危機時に大きな損失を出して、雇用リストラを余儀なくされ、引責辞任しました。一方で、リスクを取らない経営者ばかりが任期を全うしました。

これらの結果、産業界では、攻めの経営を選択せず、守りの経営を追求するのが主流となりました。儲かっても溜め込んで、人的投資にも無形資産投資にも有形資産投資にも消極的で、実質賃金も抑え込まれたのです。これが、企業部門の貯蓄超過が定着した背景です。ただ、アベ政策の直前辺りから、その貯蓄を活用する形で海外投資（資本輸出）を活発化させ、海外でのビジネスを拡大させる大企業が増えてきました。

実際、国際収支統計の第一次所得収支の受取の急増が示す通り、大企業を中心に海外での儲けは大きく膨らんでいます。しかし、その儲けは、国内での企業の支出増加や家計の所得増加には、ほとんどつながっていません。この問題については、改めて第3章で取り上げますが、実は、海外投資が思われているほど、高い収益にはなっていないこともお話ししたいと思います。

国内で設備投資が抑制されると、前述した通り、理論上は、所得が減少して個人消費が抑制され、こうした乗数メカニズムを通じて、実質GDPが低い水準に抑え込まれます。これが伝統的なケインズ経済学のエッセンスです。しかし、現実の日本では、投資停滞だけでなく、企業が実質賃金の抑制を続けてきたことも、経済低迷に大きく影響してきたと筆者は長く考えてきました。

つまり、本章の冒頭でお話しした通り、生産性が上がっているにもかかわらず、企業が実質賃金を低く抑え込むから、個人消費が低迷しているということです。それゆえ、企業は国内で売上が増えませんから、採算が取れないため国内の投資が抑えられ、投資を行うとしても海外ばかり、となっているのです。企業が実質賃金を抑えることで、巡り巡って、自らの首を絞める事態、すなわち「合成の誤謬」に陥っている、ということです。

大企業経営者は、人口減少で個人消費が増えないから、国内の売上が伸びないと言います。ただ、よく考えてみてください。確かに人口減少は様々な社会制度の持続可能性を揺るがす深刻な問題ではありますが、現在の日本の人口減少のペースであれば、売上が全く伸びない事態を招くほどのインパクトはないはずです。過去四半世紀で時間当たり生産性は3割も上がっているのですから、経済全体では、人口減が引き起こす所得減少を十分に相殺できていることを意味しています。それでも個人消費が増えないのは、生産性上昇が実質賃金に全く反映されていないからです。個人消費は増えず、国内売上が増えないのは、企業が実質賃金を抑えているからです。

†定着したのは実質ゼロベア?

大企業からすれば、正社員は、長期雇用制の下で、毎年2%弱の定期昇給があるため、ベースアップがゼロであっても賃金が増加し、問題は小さいと考えているのでしょう。過去四半世紀のように、インフレ率がゼロ近傍であれば、ベースアップがゼロであっても、個々人の実質賃金は、毎年2%弱の定昇分だけ着実に増えていきます。四半世紀も経《た》てば実質賃金は1・7倍に拡大します。おまけに雇用は保証されるのだから、文句はないはずだ、と大企業経営者は判断しているのでしょうか。

ただ、大企業でさえベースアップがゼロなのだから、中小企業もそれに倣《なら》い、日本の産業界は、いつの間にかベースアップをゼロとすることが企業経営の前提となってしまいました。

いずれにせよ、一世代が経過しても、実質賃金が全く増えないという異常事態が日本に訪れたわけですが、本章でお話しする通り、為替レートを物価で調整した実質実効円レートが1970年前後の水準に低下するまで、誰もその異常さに気が付かなかったということです。いえ、今も「生産性が上がっていないから、実質円安が続いている」のだと誤認している専門家は少なくありません。

近年、物価研究の第一人者である渡辺努《わたなべつとむ》の尽力もあって、ゼロインフレ・ノルムという言葉が人口に膾炙《かいしゃ》するようになりました。価格が上がらないことが社会規範になったという意味で用いられていましたが、筆者は、ゼロインフレは結果であって、その起点は、ベースアップをゼロに抑え込むことが企業経営におけるノルムになっているのではないかと考えています。正確に言うと、インフレにかかわらず、実質ゼロベアがノルムになっているのではないでしょうか。

複雑なので、もう少し詳しくお話しすると、企業は、2%弱の定昇がインフレで目減りするのを避けることに主眼を置いているのではないか、ということです。過去四半世紀は、ゼロインフレの下、ゼロベアが続き、実質賃金上昇率は概ねゼロでした。ただ、個々の人の賃金は、2%弱の定昇分だけ実質で上昇しています。

コロナ後にインフレが訪れましたが、物価高による賃金の目減りを回避すべく、企業はベースアップを復活させました。しばらく物価高に賃金上昇が追いついていませんでしたが、ようやく実質賃金上昇率は概ねゼロとなってきました。個々の人の賃金は、2％弱の定昇分だけ実質で上昇します。つまり、大企業経営者は、物価高をベースアップで調整することによって、2％弱の定昇分だけ個々の人の賃金が実質で上昇するよう配慮しているのです。これが、企業経営において、実質ゼロベアが意識され、ある種のノルムになっているのではないか、ということです。

筆者の仮説が正しければ、厄介なことになります。過去四半世紀のゼロインフレの時は、文字通りゼロベアで、実質賃金上昇率はゼロでした。仮に日本銀行が目標とする2％インフレが定着しても、企業は実質ゼロベアを維持し、ベースアップはインフレと同じ2％に留まり、実質賃金上昇率はゼロのまま変わりません。実質ゼロベア・ノルムが底流にある限り、ベアが続こうが続くまいが、実質賃金が横ばいというのは変わらないことになります。

実質ゼロベアが続いても、大企業を中心に長期雇用制の枠内にいる人は、2％弱の毎年の定期昇給によって、入社後25年間で実質賃金は属人ベースでは1・7倍まで膨らみます。

しかし、長期雇用制の枠外にいる人は、定昇が存在しないため、生産性改善の恩恵を全く享受することができません。社会全体には相当深刻な問題をもたらし、それが政治的不安定性にもつながっていると思いますが、この点は第2章で改めて取り上げたいと思います。

†家計を犠牲にする政策

筆者は2010年代に入る前から、景気回復局面における超低金利政策の継続について、疑問を持つようになりました。企業が賃上げに踏み切る体力を回復するまでは、景気回復局面でも超低金利政策を続け、円高を回避する、あるいは、円安を促す、というトリクルダウン仮説が全く当てにできないと考えるようになったからです。これまでお話ししたように、現に今も、企業は、円安が進み、過去最高益を続けていても、実質賃金を抑え込んだままで、家計部門への恩恵は極めて限られています。

そもそも超低金利政策を継続しても、潤沢な貯蓄を持つ企業部門の資金需要を刺激することはできないはずです。潤沢な資金を持ち、資金制約はないのだから、金利が下がっても、借入を増やす必要はありません。そうした状況で、超低金利政策を継続することは、本来なら、景気回復期に起こるはずだった利上げで増加するはずの家計の利子所得を不当に抑え込んだと思われます。同時に、そのことは、利上げによって避けられるはずだった円安を逆に助長し、実質購買力を大きく損なっています。本来、利上げによって円高が進めば、輸入物価の下落を通じて、家計の実質購買力の改善につながっていたと思われます。

景気回復が続き、企業業績が改善すれば、金利上昇や円高を通じて、その恩恵が家計に波及するはずですが、それをすべて遮断してきたのが実態です。これほど家計を犠牲にしているのだから、個人消費が回復しないのは当たり前でしょう。超低金利政策を続けることによって雇用が維持されたと言いますが、生産性が上がっても、これほど実質賃金を低く抑え込んでいるのだから、雇用が維持されるのは当たり前のことだと思われます。

一般に金融緩和は景気刺激的であると考えられますが、企業が貯蓄超過を続け、同時に実質賃金を抑え込んだままの日本のマクロ経済環境に即して言えば、景気回復局面において、家計にこれ以上の負担を強いる超低金利政策の継続は適切とは言えません。こうした理由もあって、筆者は、異次元緩和に対してスタート段階の2013年から批判的でした。

†異次元緩和はいつ行われるべきだったか

ただし、筆者はアグレッシブな金融政策そのものを否定しているわけではありません。

前述した通り、不良債権問題を抱えていた1990年代末にこそ、異次元緩和級の政策を行うべきであったと、当時も今も考えています。

今ではすっかり驚かれるのですが、筆者は、2000年代初頭まで、今で言うリフレ政策を強く主張していました。2003年に上梓した『円安再生――成長回復への道筋』では、1ドル170円で為替レートを固定（ペッグ）するという経済学者のラルス・E・O・スベンソンが提唱する非伝統的金融政策を推奨していました。日本銀行が大量の長期国債を購入して、インフレ期待の醸成を目指す政策は、様々な弊害が現れるため、中央銀行はゼロ金利政策にとどめ、財務省の通貨政策でインフレ醸成を行うのがよりスムーズなのではないか、と主張していたのです。

日本銀行がイニシアティブを取る場合、現在のように、インフレがオーバーシュートする際に、時間的非整合性の問題が発生する恐れがあるため、インフレ醸成の主体は財務省となることが望ましいとも考えていました。時間的非整合性とは、政策当局者が当初の約束を守ることができなくなることです。いずれにせよ、アグレッシブな政策は、企業の貯蓄超過が定着する前に、一気に行うべきだったように思います。

ただし、財務省の財務官だった溝口善兵衛《みぞぐちぜんべえ》の下で、2003年から2004年に、大量のドル買い・円売り介入が行われ、筆者の主張に近い政策が行われたとも言えます。

2　コーポレートガバナンス改革の罠

青木昌彦の予言

日本を代表する経済学者の故・青木《あおき》昌彦《まさひこ》は、メインバンク制が日本企業の安定的な経営や長期雇用制を支えていたのであり、メインバンク制が崩壊すると、長期雇用制が崩壊すると予言していました。

メインバンク制というのは、高度成長期の日本で見られた金融システムで、メインバンクは企業に対し、融資を超えて経営上の助言や監視を行い、経営が悪化した場合には、再建支援や追加融資などを行っていました。

米国では、不況が訪れると、企業は倒産を避けるため、財務リストラのみならず、雇用リストラを行います。1980年代以降は、労働組合の力がすっかり弱まり、社会民主的なルールや規範も失われた結果、不況が訪れなくても、雇用リストラは日常茶飯事になりました。

一方、日本企業はどうでしょうか。かつては、メインバンクからのサポートがあったから、不況が訪れても、広範囲な雇用リストラを避けることが可能でした。労働経済学者の故・小池和男《こいけかずお》は、メインバンク制が健在であった時代においても、2年連続で営業赤字となると、雇用リストラを余儀なくされていたことを明らかにしていますが、それでも雇用リストラは限定的でした。

しかし、1990年代末の金融危機をきっかけに、銀行行動は大きく変容し、かつてのメインバンク制は崩壊しました。メインバンクとの株式の持ち合いも相当に解消されました。2000年代と異なり、メインバンク制が崩壊したと発言して、もはや嫌な顔をする金融機関幹部はいません。だとすると、メインバンク制を支えてきたはずの長期雇用制を維持することは難しくなったはずです。

†メインバンクの代わりに溜め込んだ

ところが、日本経済は、青木の予言とは全く異なる経路を辿りました。メインバンク制が崩壊した後も、長期雇用制は変容したものの、周知の通り、生き残ったのです。第6章で詳しくお話ししますが、これまでのメンバーシップ型と異なる、「ジョブ型」雇用が導入されたとはいうものの、諸外国の制度とは似て非なるものであり、早期選抜が多少行われるようになっただけで、長期雇用制は大きくは変わっていません。

メインバンク制が不在となる中で、不況が訪れても会社を存続させ、雇用リストラを避けるためには、自己資本を厚くし、潤沢な流動性を保有する必要があります。大企業は、儲かってもリスクを取らず、国内投資を抑えるとともに、コストカットに邁進し、ゼロベアの下で人件費の抑制も続け、万が一に備えて、利益剰余金を積み上げて対応したのです。

企業の貯蓄超過の定着は、メインバンク制の崩壊に対応した企業の行動変容がもたらした結果だと言えます。経済学者の脇田成《わきたしげる》は、『日本経済の故障箇所』で、青木昌彦の予言を含め、多くの経済学者が見落としていた点を鋭く論じており、筆者も多くの点を学びました。

もちろん、1970年代に高度成長が終わった段階で、大企業の資金需要は大きく減少し、メインバンク制による企業への規律付けの有効性は低下していました。それにもかかわらず、業界の抵抗もあって、金融制度改革を長く先送りしてきたことなどが、1980

年代末のバブル醸成の遠因でもあります。経済学者の故・池尾《いけお》和人《かずひと》が論じていたように、そのままの形でメインバンク制が維持されることは、いずれにせよ、不可能だったと思われます。ただ、その崩壊の過程においても、様々な「合成の誤謬」が生まれたのではないかと筆者は考えています。

†メインバンク制崩壊とコーポレートガバナンス改革

周知の通り、メインバンク制の崩壊によって、株式の持ち合いが大きく崩れましたが、その受け皿の一つになったのは、海外の機関投資家でした。企業が利益剰余金を溜め込み、実質賃金が抑えられても、もし国内の家計が株式を多数保有していれば、配当の増加や株価の上昇を通じて、企業業績の改善の恩恵を十分に享受することができます。そうなれば、実質賃金が低迷しても、個人消費はもう少し回復していた可能性もあります。だとすれば、資本収益率ももう少し高まり、その分、企業は国内で設備投資を増やしていたかもしれません。

しかし、現実には、安全資産を強く選好する家計の投資行動は、ほとんど変わりませんでした。**図1-6**にある通り、日本の家計の金融資産のうち、半分以上が今も現金・預金

図1－6　家計の金融資産構成・金融資産合計に占める割合（%、2024年3月末時点）

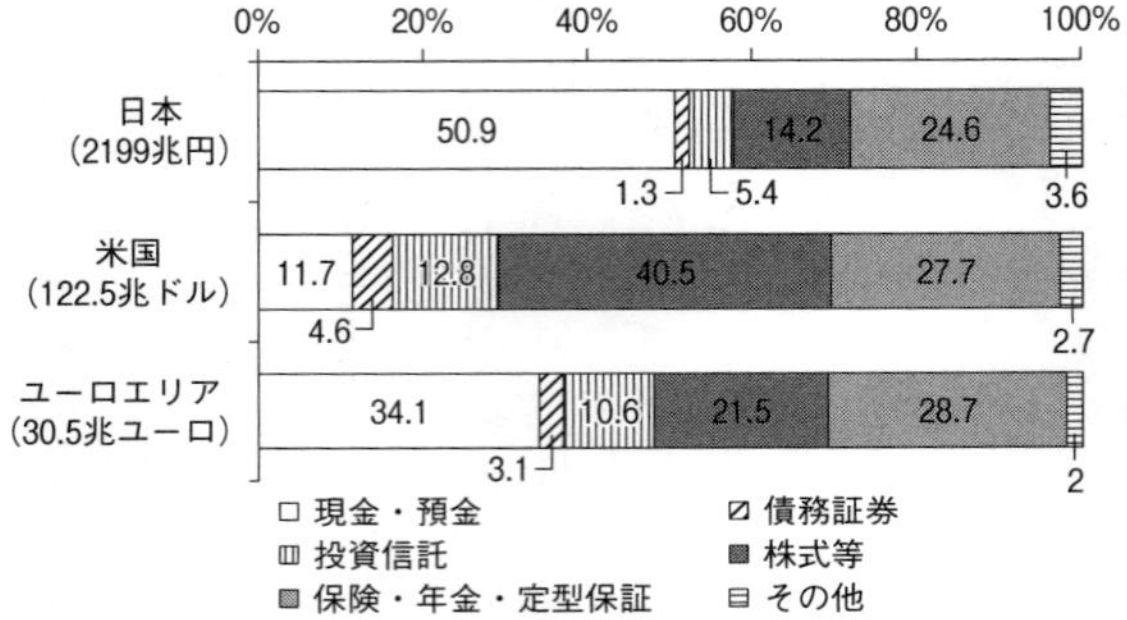

（出所）日本銀行資料より、BNPパリバ証券作成

図1－7　投資信託の株式売買（ネット、2014年1月からの累計、兆円）

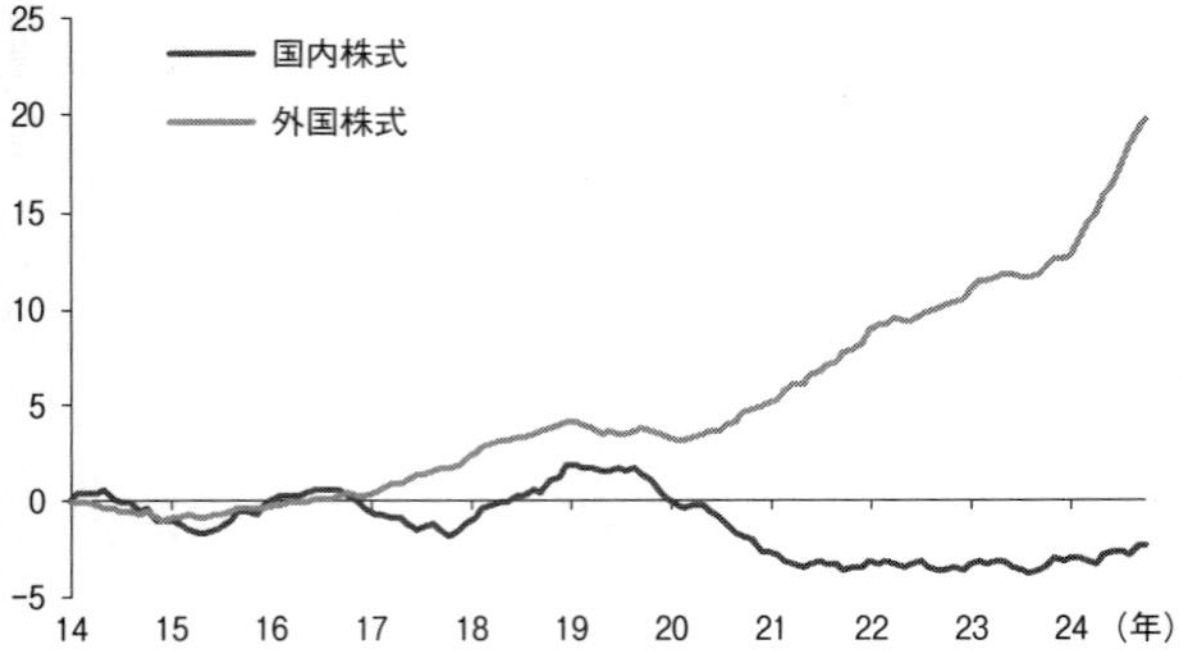

（出所）投資信託協会資料より、BNPパリバ証券作成

で、米欧、特に株式保有の多い米国とは大きく異なります。

ただ、図1-7にあるように、近年の長引くインフレによって、ゼロ金利の円預金の価値の目減りを補うべく、家計は、外国株式投信など、外貨建て資産投資を大きく増やし始めています。最近になって、日本株投資も多少増やし始めたと言われます。非課税投資枠を引き上げた2024年1月の新NISA導入が、その原動力に多少はなっているという人もいますが、データを見る限り、どうやら新NISAで大きく膨らんだのは、外国株式投信のようでした。

こうした目先の話はともあれ、メインバンク制の崩壊に対応し、政府は株式の受け皿となる経済主体をサポートするために、1990年代後半以降、金融ビッグバンの一環として開始していたコーポレートガバナンス（企業統治）改革を加速させました。つまり、企業経営者が株主の利益最大化と整合的な行動を取るような環境を目指したのです。企業経営の透明性が高まり、効率的な企業経営が促されれば、株主のメリットになるだけではなく、産業部門の競争力も向上すると期待されたわけです。

ただ、筆者は、2014年にノーベル経済学賞に選ばれたジャン・ティロールが言うように、もともとコーポレートガバナンスとは、ステークホルダー全体の経済厚生の増進を図るために、経営者を規律付ける制度的な仕組みをデザインすることだ、と考えてきました。このため、株主だけにフォーカスすることには、少し違和感を持っていました。一連の改革で、株主の権利強化や企業価値の向上など、それなりのメリットがあったことを否定するわけではありません。近年は、利益の拡大とともに、株価も堅調に推移しています。ただ、やはり経済全体では、意図せざる副作用も生じたのではないでしょうか。

まず、これまで述べた通り、生産性が上がっても、実質賃金が抑えられてきましたが、問題はそれだけではありません。

†コーポレートガバナンス改革の桎梏

株主は時として、短期的な利益を追求します。日本には、もともとそうした近視眼的な株主からの企業経営者へのプレッシャーを遮断するための様々な仕掛けが存在していました。前掲の青木の分析通り、メインバンク制もその一つであり、目的は、長期雇用制の下での人材育成でした。

企業が新たな技術を導入する場合、米英のように、転職市場が発展していたわけではない日本では、ヘッドハンティングで技術を持った人材を他社からスカウトするのは容易ではありません。また、M&A（合併・買収）市場が整備されていたわけでもないので、技術を有する企業を買収するのも容易ではありませんでした。このため、新たな技術を導入しようと考える企業は、長期雇用制の下で、じっくりと時間をかけて人材を育て、それを可能にしていました。

しかし、コーポレートガバナンス改革の影響で、株主からの利益追求のプレッシャーが強まると、企業経営者は、時間をかけて人材を育成するのが難しくなりました。転職市場や企業買収市場もようやく広がりつつあるとはいえ、国内では、手っ取り早く、ヘッドハンティングやM&Aで対応することは今も簡単ではありません。それでも、好業績を達成しなければならないため、結局、経営者は国内ではコストカットにばかり邁進せざるを得なかったわけです。

長期雇用制は確かに維持されました。しかし、それは本来、長期的な視点で人材を育成し、成長の源泉たる人的資本を蓄積するための仕掛けだったはずです。いつの間にか、人材の育成は忘れ去られ、長期雇用そのものが目的になってしまったのではないでしょうか。正社員を維持するといっても、人材教育が疎かにされているため、人的資本も高まりません。近年、大企業がこぞって、リスキリングの大合唱を始めたのは、人材育成がすっかり疎かにされていたことの、何よりの証拠ではないでしょうか。

†非正規雇用制という収奪的なシステム

実質賃金を抑えてきたのは、従業員を守るためであって、経営者が米英のような高報酬を貰《もら》うためではないのは明らかだったと思います。経営幹部を含め、皆が我慢しているのだから、日本の産業界をアセモグルやロビンソンの言うような収奪的な経済制度と呼ぶべきではない、そう反論する大企業経営者も多いと思われます。

確かに日本の大企業経営者は、米英と比べるとかなり禁欲的であり、米国と比べると、その報酬も慎《つつ》ましいものです。収奪が起こっているとして、一体だれが収奪しているのだ、という「主体」の問題もあります。しかし、私たちは、重要なもう一つの論点を見落としていないでしょうか。

日本の産業界が行ったのは、正社員の実質賃金を低く抑えてきたことや、人的資本投資を怠ってきたことだけではありません。長期雇用制を維持するために、非正規雇用にすっかり依存するようになり、収奪的な「二重労働市場制」を生み出したのです。

非正規雇用は、教育訓練の機会が乏しく、人的資本の蓄積もままなりません。**図1-8**

図1-8　非正規雇用比率（暦年、%）

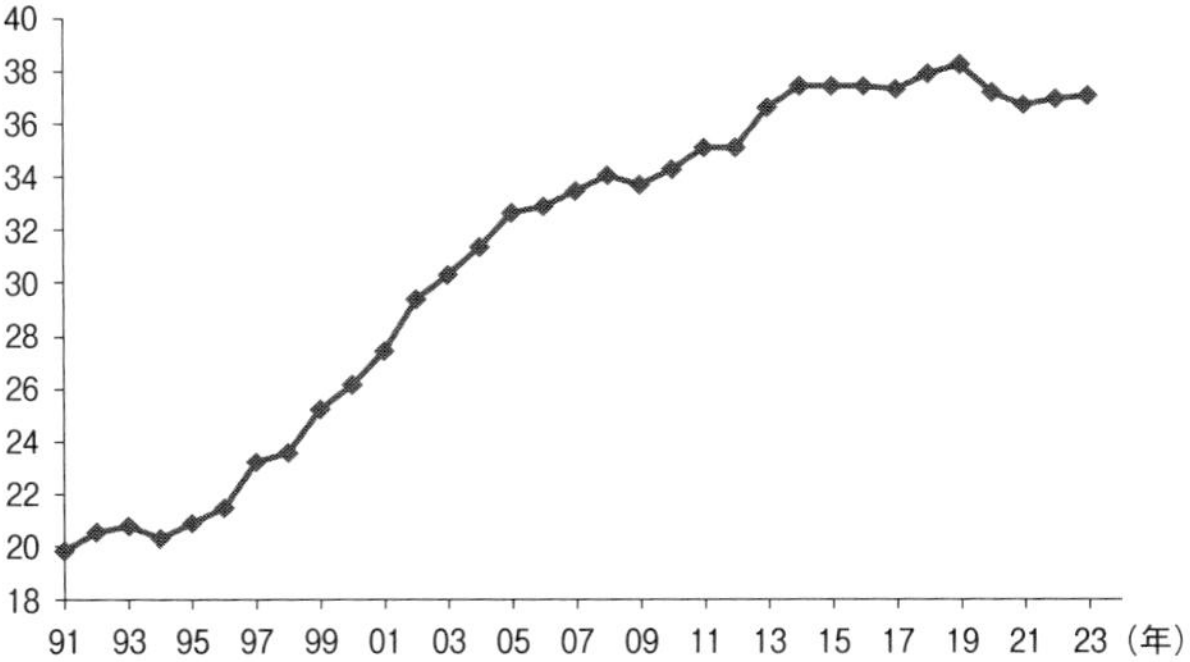

（出所）総務省資料より、BNP パリバ証券作成

にあるように、雇用に占める割合が4割近くまで増加したことは、日本経済のサプライサイドに大きな悪影響を及ぼしたと思われますが、問題はそれだけではありませんでした。十分なセーフティネットを持たない労働者を増やしたことのマクロ経済的な意味を問う必要があります。

　非正規雇用は、不況が訪れた際、長く雇用の調整弁とされてきました。コロナ禍でも正社員は減りませんでしたが、それは、非正規雇用が調整弁となったからでもあります。景気回復期に労働需給が逼迫《ひっぱく》しても、雇用を守られる正社員の賃金は据え置かれたままでしたが、非正規雇用の賃金は、それなりに上昇してきました。非正規雇用の賃金が上昇したことは望ましいことではありますが、彼らは賃金が増えても、不況時に備えて、貯蓄

（予備的動機での貯蓄）を行わざるを得ないため、消費を増やすことができませんでした。

２０１８年から２０１９年に、日本経済は、人手不足が広がって完全雇用に近づきました。非正規雇用の賃金が上がっても、個人消費の回復が精彩を欠いていたのは、こうした理由があるからだと思われます。我々は少子高齢化や人口が減っていることばかりを、個人消費の弱さの言い訳にしていないでしょうか。

企業は、非正規雇用に頼ることで、長期雇用制を維持しながらも、人件費という最大の固定費の一部を変動費に変換することが可能となり、経済ショックに対して、頑健になりました。しかし、そのショックは、社会の最も弱い人々に集中するようになり、それゆえに、完全雇用が近づいても、日本では個人消費の回復が脆弱《ぜいじゃく》なのです。セーフティネットを持たない労働者の割合が増え、一国全体でリスクシェアリングが不能になったために、マクロ経済そのものの頑健性が失われたのだと思われます。

†良好な雇用環境の必要性

正社員の比率は歴史的に見れば大きくは変わっておらず、比率で見れば、自営業者や家族従業員が非正規雇用に置き換わっただけ、という経済学者の神林龍《かんばやしりょう》の指摘もあります。

確かにそうした側面もあるのですが、問題は、経済規模の拡大とともに、大企業を中心に、正社員が一段と増えなかったことにあると筆者は考えてきました。

ここで少し歴史を振り返りたいと思います。18世紀後半に始まった産業革命の恩恵が幅広い人々に均霑《きんてん》するようになるまでには、実に100年近くを要しました。当初の100年近くは、生産性が上がっても、家内制手工業の熟練労働者が不要になるだけで、実質賃金はむしろ低下していました。

ようやく19世紀末になって多くの人々の実質賃金が上がり始め、成長の時代が始まったわけですが、経済史家のブラッドフォード・デロングによれば、それを可能とした要因の一つは、近代的な大企業が誕生し、そこに雇用が吸収されるようになったからだと言います。つまり、大企業という良好な環境で働く労働者が大幅に増えることで、成長の果実が均霑していったのです。こうした流れはその後も継続し、第二次世界大戦後の高い成長の要因の一つにもなりました。

この辺りの現象は、イノベーションを論じる第7章で詳しく取り上げますが、1970年代以降、先進各国の成長ペースは滞り、1980年代に新自由主義が世界を席巻するようになると、社会民主主義的な社会制度は徐々に廃《すた》れていくことになります。

それまでは多くの場合、従業員のほとんどが正社員として雇われていましたが、アウトソーシング（外部委託）が一般的になり、良好な雇用機会は減っていきました。この結果、経済成長の恩恵が一部の人々に集中するようになりました。これが、米国経済の成長ペースが鈍化したことの背景の一つでもあります。

日本では、1980年代まで、良好な雇用環境で働く正社員が増えていました。しかし、1990年代から始まった成長の大幅な鈍化によって、正社員の増大が止まってしまいました。さらに、以前は、非正規雇用を含めアウトソーシングで対応するのは、本業には直接かかわらない部門だけとされていました。しかし、今では、本業においても非正規雇用やアウトソーシングで対応されるケースが増えています。賃金水準も低く、教育訓練のチャンスも乏しい、良好とは言えない環境で働かざるを得ない人が増えたことが、日本の成長の鈍化につながっているのではないでしょうか。

†収奪的な雇用制度に政府も関与

日本で非正規雇用が増えたのは、2000年代の小泉純一郎《こいずみじゅんいちろう》時代の社会保障制度改革も大きく影響していることを付け加えておきます。当時、高齢化で膨らんだ社会保障費の財源を、日本政府は、現役世代の被用者の社会保険料の引き上げで賄《まかな》いました。増税は社会的反発が強いから選択されなかったのですが、その代わり、小泉政権は、政治的な反発の最も小さいサラリーマンへの負担増で対応したわけです。しかし、そのことが想定外の大きな爪痕を日本経済に残した点は、今でもあまり知られていません。

被用者の社会保険料の増大は、企業にとって、正社員の人件費の拡大につながります。このため、人件費の抑制を最優先する企業経営者にとって、社会保険料増大は、正社員の拡大を抑え、非正規雇用を増やすインセンティブとなってしまったのです。意図しなかったとはいえ、政府の行動が非正規雇用の増大を助長したわけです。非正規雇用の増大は、短期雇用の解禁など、雇用流動化策だけが原因ではなかったのです。

もし、この時、高齢者の社会保障費の財源を消費税で賄っていれば、非正規雇用を増やすインセンティブにはならなかったはずです。消費税は、消費地で課税される仕向け地課税なので、輸出される際に還付され、輸出企業の競争力にも影響しなかったと思われます。

また、不作為の問題もあります。当時、十分なセーフティネットを持たない非正規雇用が増えていたことを踏まえ、本来なら、社会保障制度のアップグレードを図るべきタイミングだったにもかかわらず、政府はそれを怠りました。それどころか、前述したように政府の行動が非正規雇用の増大を助長しました。挙句の果てに、安い賃金の労働力を使って業容を拡大するデフレ・ビジネスの経営者を称賛すらしていたことが思い返されます。

この間、欧州の国々では、グローバリゼーションやITデジタル革命に対して、就業訓練や家族政策など社会投資を充実させ、セーフティネットでカバーする領域を広げていきます。確かに社会保険制を採用する日本のような国は、応益負担の原則もあって、もともと社会保障の財源を税で賄う国に比べると、社会包摂を広げるのは容易ではありません。

しかし、経済学者の田中秀明《たなかひであき》が論じるように、オランダやドイツ、フランスなどは、社会保険制を採用しているものの、その枠内で、就業訓練や家族政策など社会投資を充実させ、社会保障制度のアップグレードを図っています。諸外国に立派なお手本があるのにもかかわらず、効果を当てにできない財政政策や金融政策などの追求にかまけて、日本は社会制度の漸進的改革を怠ってきたのです。

ここまでの話をまとめると、日本社会は、正社員の長期雇用制を維持するために、正社員の実質賃金を抑え込むとともに、人件費の一部を固定費から変動費に変換するためのイノベーションとして、非正規雇用制を生み出しました。筆者は、非正規雇用制をダークサイド・イノベーションと呼んでいます。そうした収奪的な社会制度を作り上げてしまったことが、日本が長期停滞から抜け出せない原因の一つではないでしょうか。

少子高齢化で若年の非正規雇用が大きく減ったため、非正規雇用の問題は、以前ほどは問題視されなくなっていますが、アセモグルやジョンソン、ロビンソンらの論考を踏まえると、包摂的な社会制度への移行なくして、日本経済の長期停滞は終わらないと筆者は考えています。中高年になっても賃金が上がらない就職氷河期世代の苦境という大きな後遺症も残ったままです。

実質賃金の引き上げとともに、働き方にかかわらず事業者が社会保険料を負担する被用者皆保険の整備など、家計の直面するリスクの変容に対応した社会保障のアップグレードも優先すべきだと思われます。岸田政権、それに続く、石破政権の下でも、社会保険の加入条件を大きく緩めていることは、大いに歓迎すべきことです。

3　再考　バラッサ・サミュエルソン効果

†生産性が低いから実質円レートが低下するのか

本章の最後に、取り上げておきたい論点があります。生産性が上がっているにもかかわらず、実質賃金が上がっていないのだとすると、実質円安のトレンドを説明するバラッサ・サミュエルソン効果について、再検討する必要があります。この点について、拙著『グローバルインフレーションの深層』では、説明がやや曖昧になっていたので、補足したいと考えていました。

実質為替レートとは、物価で調整した為替レートのことで、以下述べる実質実効為替レートとは、貿易相手国ごとに貿易量で加重平均した実質為替レートのことです。もし、名目為替レートが動かないとしても、日本の物価だけ横ばいのままで、他の国の物価が上昇を続けると、実質ベースで円安が進みます。

図１－９　実質実効円レート（2020年＝100）

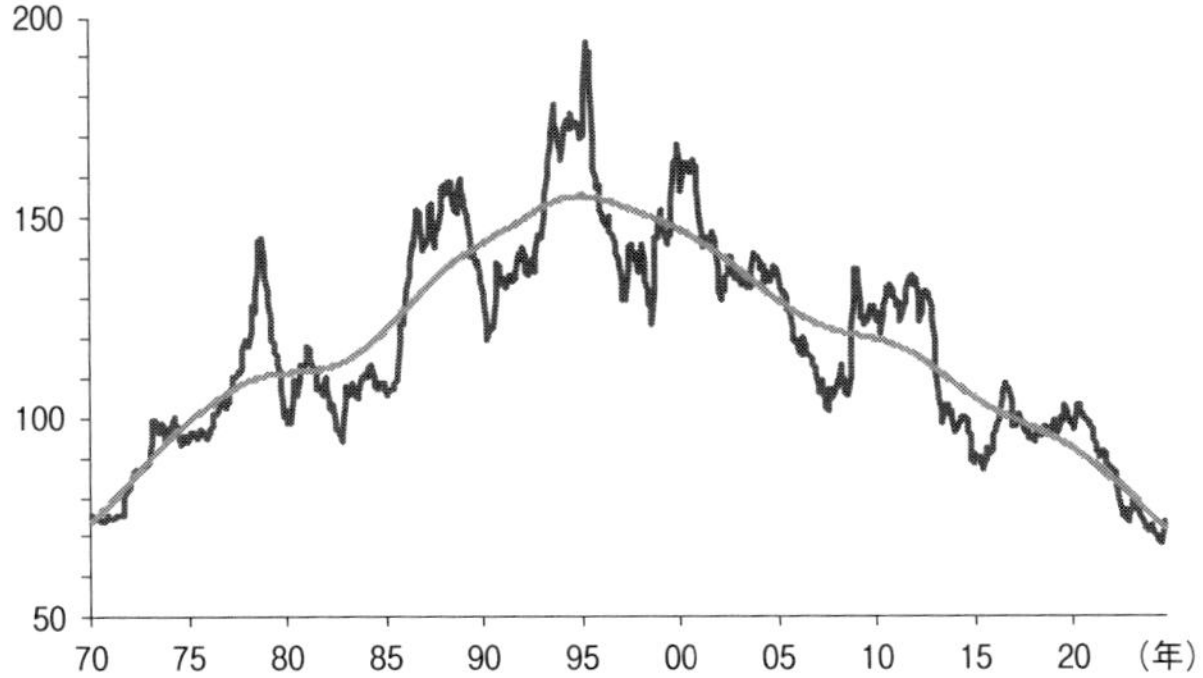

（出所）日本銀行資料より、BNP パリバ証券作成

図１－９は、実質実効円レートの推移を示しています。数字が大きくなると実質円高、数字が小さくなると実質円安を意味します。１９９０年代半ば以降、実質実効円レートが低下トレンドを辿り、現在、１９７０年前後の水準まで低下しているのが分かります。これは、名目ベースで円安が相当に進んでいるだけでなく、諸外国の物価が上昇を続ける中で、長く日本の物価だけが横ばいだったことが背景にあります。

その根底には、本章で見たように、日本の実質賃金だけが低迷を続けていることがあります。文字通り、日本経済の衰退の兆候と考えられますが、主因は、大企業が儲かっても溜め込んでいて、実質賃金の引き上げに消極的なことであって、生産性が低迷しているからではないことは、これまで見てきた通りです。

もう一度確認しておくと、1990年代末以降、日本の時間当たり生産性は3割改善しており、5割も上昇した米国には劣りますが、ドイツやフランスよりも改善しています。一方、実質賃金は、米国が3割弱、フランスが2割弱、ドイツが15%程度改善していますが、日本は全く改善していません。生産性が問題なのではなく、あくまでも実質賃金が問題なのです。

念のため、バラッサ・サミュエルソン効果とは、貿易財の生産性が高い国では、実質賃金が高いために、物価水準が高く、貿易財の生産性が低い国では、実質賃金が低いため、物価水準は低いというものです。

もう少し詳しく説明すると、貿易財の生産性が高い国は、製造業の実質賃金が高く、労働市場の裁定を通じて、非製造業の実質賃金も高くなります。しかし、非製造業の生産性は製造業ほどには高くないため、価格に転嫁されて非貿易財の価格が高くなり、物価水準が高くなります。

1990年代半ばまでの日本は、貿易財の生産性の改善が続き、製造業の実質賃金も改善が続いていました。この影響で、生産性が必ずしも高くはない非製造業の実質賃金の水準も高くなり、それが非貿易財の価格に転嫁されて、物価水準も相当に高い水準が続きました。1990年代半ばまで実質円高が続いていたことは、典型的なバラッサ・サミュエルソン効果の説明で可能だったと思われます。

再検討が必要なのは、1990年代後半以降に始まった実質円安のトレンドの説明です。特に1990年代末から、企業部門では、過剰の調整が本格化し、実質賃金が抑え込まれるようになりました。それは、不良債権問題が終結した2000年代半ば以降も継続され、2010年代に入っても、長期雇用制を維持するため、生産性が改善しても、実質賃金は全く引き上げられなかった、というのはこれまで見た通りです。

近代以降、先進国において、一世代にわたって実質賃金が全く上昇せず、豊かになっていない、というのは極めて稀《まれ》な現象です。

この間、先ほど見た通り、日本より生産性が改善した米国の実質賃金が上がっているだけでなく、日本ほど生産性が上がっていないドイツやフランスでも、実質賃金が日本に比べて大きく引き上げられています。このため、諸外国に比べた日本の物価水準は相対的に低下し、実質実効円レートの低下が今も続いているのです。つまり、日本は、生産性が上がっても、賃金が上がらないから、物価も上がらず、実質円安が続いてきたのです。

これほどの実質円安が続いていることが、急増するインバウンド消費の背景ですが、日本人の労働力を安く叩き売ることに筆者は大きな疑問を感じずにはいられません。労働力を安値で叩き売ることを余儀なくされているというのは、気が付かないうちに、収奪されているということではないでしょうか。

†日本産業の危機

多くの人も、急激な実質円安を見て、それが日本経済の衰退の現れだと正しく捉えていると思います。しかし、再びここで、「成長戦略が欠如し、生産性が上がっていないから」という話になると、大企業経営者に実質賃金を引き上げなくても良いという誤った口実を与えてしまうだけです。

また、生産性を上げなければならないという話になると、ビジネスの現場では、どうしても労働投入を減らして、人件費を抑えるということになり、労働需要が低下するため、実質賃金を引き上げるという目的と逆の結果になりかねません。そうなると、さらに実質円安も進みます。繰り返しますが、日本の長期停滞の元凶は、儲かっても溜め込んで、実質賃金や人的投資に消極的な日本の大企業にあります。

いや、大企業経営者もそのことには薄々気が付いているのではないかと思います。近年、よく耳にするのは、欧米子会社の従業員だけでなく、アジア子会社の従業員についても、日本国内の3倍、5倍もの賃金を支払わなければ、良い人材が集められなくなっていると
いう話です。優秀だから、日本の本社に転籍させようと思ったら、給料が大きく下がるため、仕方なく子会社からの出向扱いにしている、という話もよく耳にします。

また、新卒採用について、長期雇用制に対し何ら期待を抱いていない優秀な日本人学生は、日本の実質賃金が諸外国の企業にあまりに見劣りするため、内定辞退のケースが増えており、その対策として、一部の金融機関は、マーケット部門を希望する優秀な人材の初任給の大幅引き上げを決定したという話も聞きます。

いずれにせよ収奪的な社会経済制度の下では、一国経済は繁栄しません。このまま実質賃金を低く抑え込んでいること自体が、日本の産業界の危機、いや日本経済の危機を招きます。日本経済の政策課題は明白です。

第2章

定期昇給の下での実質ゼロベアの罠

本章で論じるのは日本の賃金慣行をめぐる死角である。

1　大企業経営者はゼロベアの弊害になぜ気づかないのか

†ポピュリズムの政党が台頭する先進各国

2024年は、先進各国の与党が国政選挙で苦戦しました。英国では7月に保守党が敗北し、労働党に政権が移行しました。フランスではエマニュエル・マクロン大統領が率いる与党が6～7月の議会選挙で敗北しました。11月の米国大統領選挙では、ドナルド・トランプが圧勝し、上下両院も共和党が過半数を握りました。

日本では岸田文雄前首相が退任を余儀なくされ、新たに首相となった石破茂の下、10月末に衆院選挙に臨みましたが、自民・公明の連立与党は、過半数を割り込みました。

何が先進各国の政権与党に苦戦をもたらしたのでしょうか。

表面的な理由は、先進各国とも2021年に始まったグローバルインフレーション（世界的インフレ）の後遺症で国民生活の困窮が続いていることが挙げられます。米国、欧州ともインフレ率はだいぶ低下してきましたが、物価水準は切り上がったままで、有権者は今も政府の経済運営に強い不満を抱いています。長くゼロインフレが続いた後、2021年から物価高が始まった日本も同様です。

ただ、2010年代以降、米欧では、政治分断が深刻化し、ポピュリズムの政党が台頭していました。各国とも高い教育を受けた経済・政治のエリートが推進するグローバリゼーションや移民政策で低中所得層が苦しんでいるというナラティブ（物語）が広く受け入れられてきたのです。

米国の共和党は、経済・金融のエリートが今もなお大きな影響力を持ちますが、近年、経済的な自由を掲げるリバタリアン陣営や、西側民主主義の普遍性を諸外国に広げようとするネオコン（ネオ・コンサーバティブ）陣営はすっかり排除され、残ったのは、宗教や共同体を重んじる伝統的な保守主義陣営でした。

そこに、関税強化などの経済ナショナリズムや国境管理（移民規制）、米国ファーストの外交の三つを掲げるトランプ主義（トランピズム）が加わり、生活に苦しむ低中所得層を上手く取り込みました。

トランプに敗れたカマラ・ハリス陣営は選挙期間中、アンチ・エスタブリッシュメントを志向する民主党のバーニー・サンダース路線に舵を切る選択肢もありましたが、党内分裂を恐れ、中道路線を維持しました。結果として、ハリスは、金融グローバリゼーションや移民政策を推進したビル・クリントン、バラク・オバマ、ジョー・バイデンに連なる系譜とみなされたことも、敗因だったと思われます。

欧州では、ブレグジット（EU離脱）で経済が停滞する英国の状況は少し異なりますが、フランスでは国民連合（RN）、ドイツでは、ドイツ人のための選択肢（AfD）など右派のポピュリズムの政党が躍進しています。

気になるのは、日本の2024年10月末の衆議院選挙で、自公が過半数割れしただけでなく、ポピュリズムの政党が都市部を中心に台頭し始めたことです。2022年以降の円安インフレだけが理由ではなさそうです。

†実質賃金が抑え込まれてきた理由

第1章で詳しく見た通り、過去四半世紀の日本のマクロ経済における厳然たる事実は、時間当たり生産性が3割も上昇していたにもかかわらず、時間当たり実質賃金が全く引き上げられていないことでした。

それどころか、2022年以降の円安インフレもあって実質賃金は減少しています。減少した実質賃金はまだ穴埋めされておらず、賃上げの良い流れが始まっているなどと、政府も財界もはしゃいではいけません。儲かっても溜め込んで、実質賃金の引き上げや人的資本の投資に消極的な大企業が日本の長期停滞の元凶であり、政府がそれを許してきたという構図は全く変わっていないと思われます。

人口減少によって、国内の売上が増えないと大企業経営者は言いますが、それが主たる原因と言えないこともこれまで見てきた通りです。時間当たり生産性が3割も上がっていれば、所得全体では人口減少の影響を十分に相殺していると言えます。家計の取り分が増えていないという所得分配の問題です。

過去四半世紀、生産性が上がっても実質賃金が完全に抑え込まれてきたために、個人消

図２－１　民間最終消費支出（季節調整値、兆円）

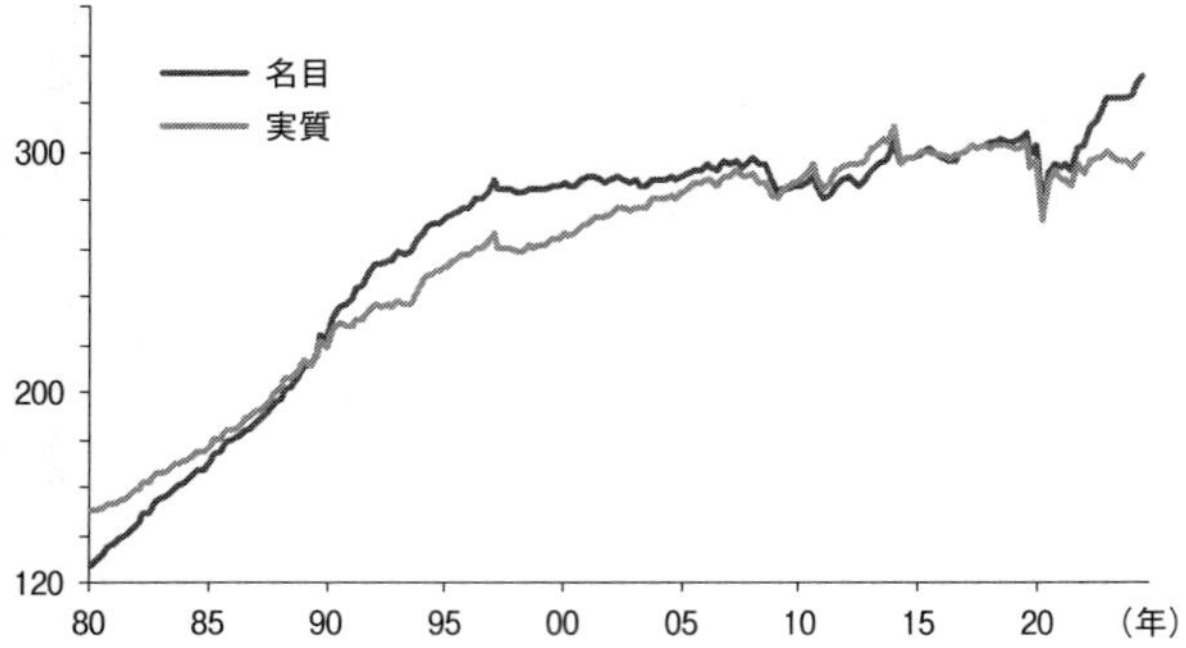

（出所）内閣府資料より、BNP パリバ証券作成

費がほとんど増えない、というのが正確な因果関係ではないでしょうか。それゆえに、企業は国内で売上を増やすことができず、採算が取れないために、設備投資が抑えられているのです。

念のためにデータで確認しておきましょう。**図２－１**が示す通り、１９９０年代末以降、個人消費は横ばいのままです。２０２０年代に入って、名目ベースで個人消費が増えていますが、これは物価高によるものであって、実質ベースで見た個人消費は横ばいのままです。

私たちが直面しているのは、典型的な「合成の誤謬《ごびゅう》」なのであって、そこから抜け出すには、まず大企業が実質賃金の引き上げを実践する必要があります。２０２５年春闘でも、インフレ率を超えるベースアップが必要です。

もし、過去四半世紀、生産性の改善に応じて、実質賃金を引き上げていれば、個人消費はこれまでのような横ばいではなく、明確に増加していたはずです。そうなれば、企業の国内売上は増加し、資本収益率が向上するため、海外投資を優先することなく、国内で設備投資を大きく増やしていたと思われます。設備投資が増えれば、乗数メカニズムを通じて、雇用者所得も大きく増え、個人消費のさらなる増加につながっていたはずです。だとすれば、サービス消費も膨らみ、内需セクターの多い中小企業の売上も増加し、そこでも賃上げが可能になっていたでしょう。「風が吹けば桶屋が儲かる」ではないですが、実質賃金が改善すれば、言うまでもなく、年金財政も大きく改善していたと思われます。

そもそも大企業が実質賃金の上昇を抑え込んできたのは、第1章で詳しく論じてきた通り、バブル崩壊によって、1990年代末にメインバンク制が崩壊した後、不況時の雇用リストラを避けるためでした。長期雇用制の下での安定的な企業経営は、メインバンクからのサポートが大前提でしたが、メインバンク制が崩壊しても、自己資本を厚くしていれば、不況が訪れた際、米国のような雇用リストラを避けられると、大企業経営者は考えたのです。

そのためにゼロベアを続け、利益を溜め込んできたわけですが、本来、正社員に良かれと思っての対応だったはずが、生産性が上がっても、実質賃金を抑え込み、レント・シェアリング（超過リターンの分配）は全く行われず、いつの間にか、包摂的とは言い難いシステムになってしまいました。非正規雇用システムに大きく頼っているという点に着目すれば、収奪的システムとも言えます。一体全体、私たちは、どこでボタンの掛け違いを起こしてしまったのでしょうか。

†問題が適切に把握されていない

問題を複雑にしているのは、日本の時間当たり実質賃金が横ばいであるという事実を、日本のエリート層である大企業の経営者らが十分に認識していないことだと思われます。実際、この話をすると、「実質賃金が横ばいであるというのは、生産性が極めて低い中小企業の話なのであって、少なくとも自分たちが経営する会社とは無縁の話」という回答が返ってきます。

大企業経営者からすると、生産性が低くて実質賃金を引き上げられない中小企業が多数存在しており、それらの淘汰を恐れるべきではなく、規制緩和などの成長戦略をもっと推進すべきという話になるのです。

そう言いたくなるのも分からぬわけではないのですが、ただ、この議論には大きな落とし穴があります。第1章でも少し触れましたが、長期雇用制の下、過去四半世紀にわたって続いたベースアップゼロの下でも、正社員は昇格・昇級によって、毎年、年平均で2%弱の定期昇給が行われているため、自らの実質賃金が確かに累積では大きく増えています。経験を積んで、生産性が上がった分が実質賃金に反映されているように感じてしまいます。

しかし、そこには、会社全体、あるいは一国全体の毎年の生産性上昇は全く反映されていません。本来なら、もっともっと実質賃金は増えなければならなかったはずなのです。後述するように、ベンチマークとなるはずの、大企業正社員の実質賃金が全く上昇しなければ、長期雇用制の枠外にいる非正規雇用の実質賃金は、いつまでも低水準に抑え込まれることになります。

いや、今回のグローバルインフレをきっかけに、日本もついにゼロインフレを脱し、ゼロベア時代にも終焉が訪れつつあるから、この問題解決にも目途が付いたのだと楽観する人も少なくないかもしれません。**図2-2**が示す通り、確かに全くと言っていいほど動かなかったベースアップが2023年以降、動き始めたことは、大きな進展です。

しかし、ゼロインフレの時代には、ゼロベアで、実質賃金上昇率はゼロでしたが、問題

図2－2　春闘賃上げ率（前年比、％）

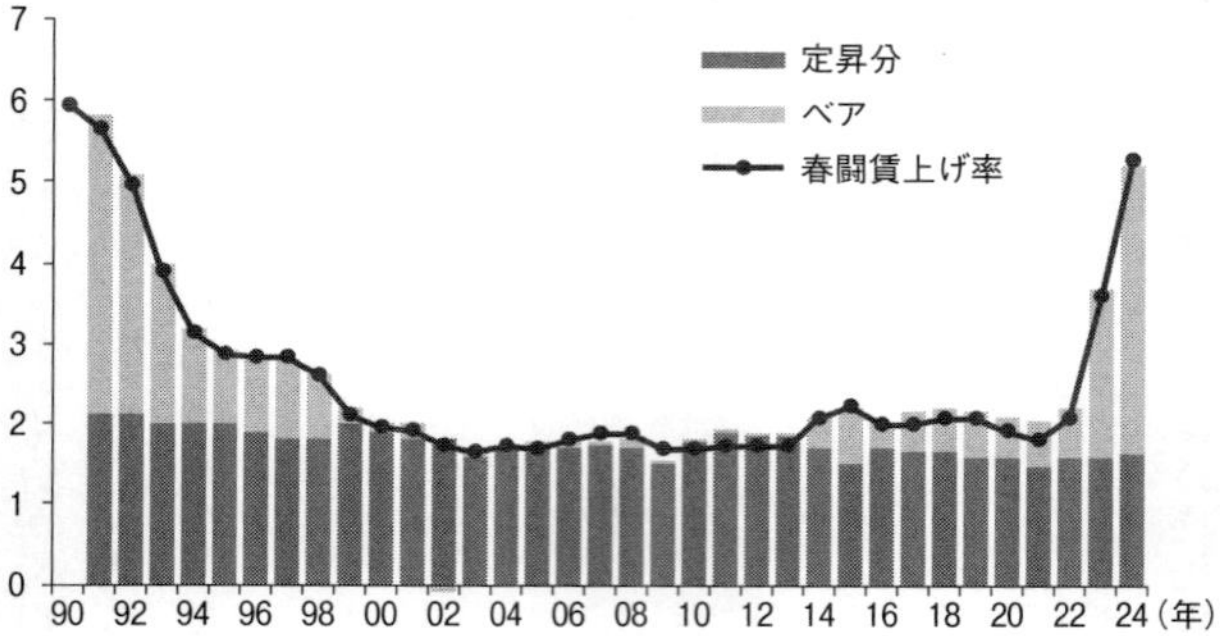

（出所）連合資料より、BNPパリバ証券作成

の本質が変わらなければ、仮に2％インフレが定着した場合、2％ベアが定着するだけで、実質賃金上昇率は良くてゼロで終わりかねません。

つまり、実質ゼロベアはこれまでと変わらず、今後も事態は何ら改善しないことになりますが、問題は、そうした現状について、大企業経営者を含め日本のエリート層が無自覚なことにあります。岸田前政権は賃上げに踏み込んだとはいえ、問題の本質まで議論が届かなかったように見えます。石破政権には大いに期待したいところですが、まずは何が起こっているのか、もう少し詳しく見ていきたいと思います。

†属人ベースでは実質賃金は上昇している

ゼロインフレの下で、ゼロベアが大きな不満も

図２－３　春闘賃上げの累積値（定昇含む、1998年度＝100）

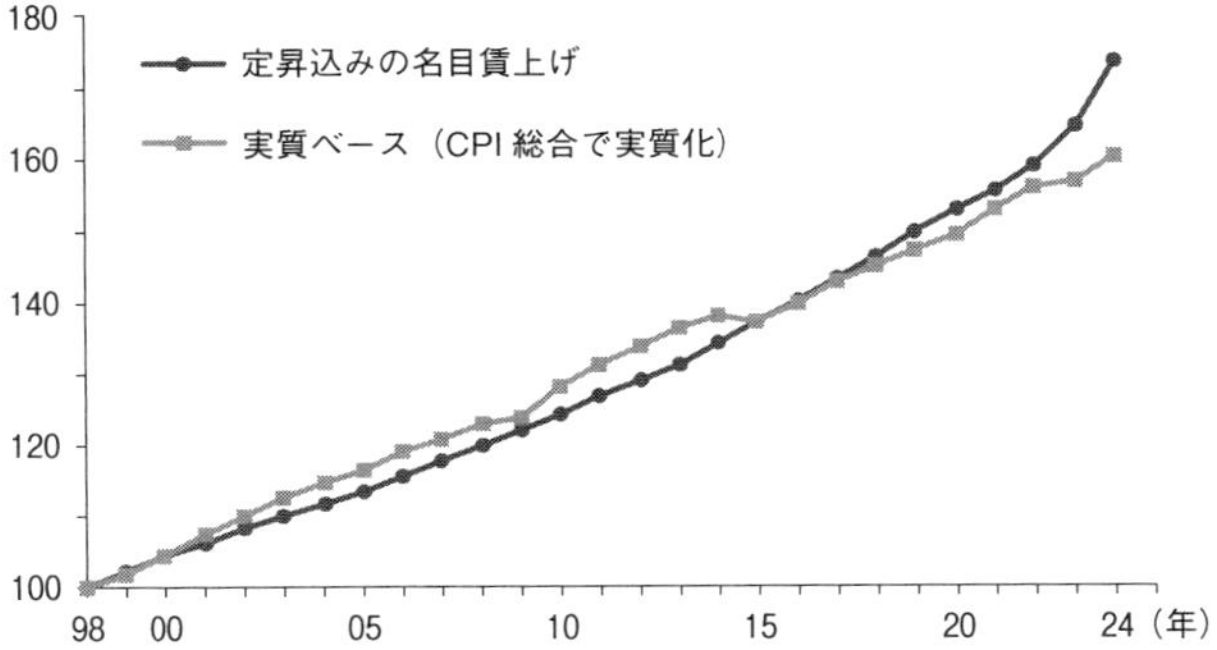

（出所）厚生労働省、総務省資料より、BNP パリバ証券作成

なく、大企業の正社員に広く受け入れられてきたのは、継続雇用が約束されていたからだけではありません。昇格・昇級によって、毎年２％弱の賃金上昇が日本の長期雇用制に組み込まれているからです。大企業の正社員にとっては、ベースアップがゼロであっても、年功序列の下、右肩上がりの賃金カーブに沿って、毎年２％弱の昇給が続き、月々の給与は、10年後には１・２倍、20年後には１・５倍に膨らみ、四半世紀で名目賃金は１・７倍近くまで膨らみます。

実際、１９９８年を起点に、毎年、厚生労働省が公表する定昇込みの春闘賃上げ率を掛け合わせていくと、**図２-３**にあるように、名目賃金は２０２４年には１・７倍まで膨らみます。この間、ほぼゼロインフレが続いていますが、厳密には、

2014年、2019年の消費増税や最近の円安インフレで多少、実質価値は目減りしているはずです。それらを考慮しても2024年の定昇込みの実質賃金は1998年の1・6倍に膨らんでいます。「過去四半世紀、実質賃金は横ばいのまま」ではなく、1・6～1・7倍に膨らんでいるというのが、大企業の正社員の実感に近いのではないでしょうか。

このように多くの大企業サラリーマンは、過去四半世紀の間、新入社員の時に比べると、自らがそれなりに豊かになったと実感しています。このため、過去四半世紀にわたって時間当たり実質賃金が横ばいだと指摘されると、前述したように、それは生産性の低い中小企業の話と考えてしまうのでしょう。

ただ、第1章の最後にもご紹介しましたが、優秀な人材や新卒が外資系企業に奪われるというのは、既に過去10年以上も続いている話です。また、グローバルで展開する企業においても、現地子会社の従業員と東京の本社の従業員のあまりに大きな賃金格差を目の当たりにして、問題の所在に気付いている人も増えていると思います。もっとも、問題に気が付いていたとしても、今さらどう対応していいのか分からない、という中高年も多いのではないでしょうか。

いずれにせよ、定期昇給の下でのゼロベアは、大企業経営者にとって、人件費を抑え込

図2－4　雇用者報酬（季節調整値、兆円）

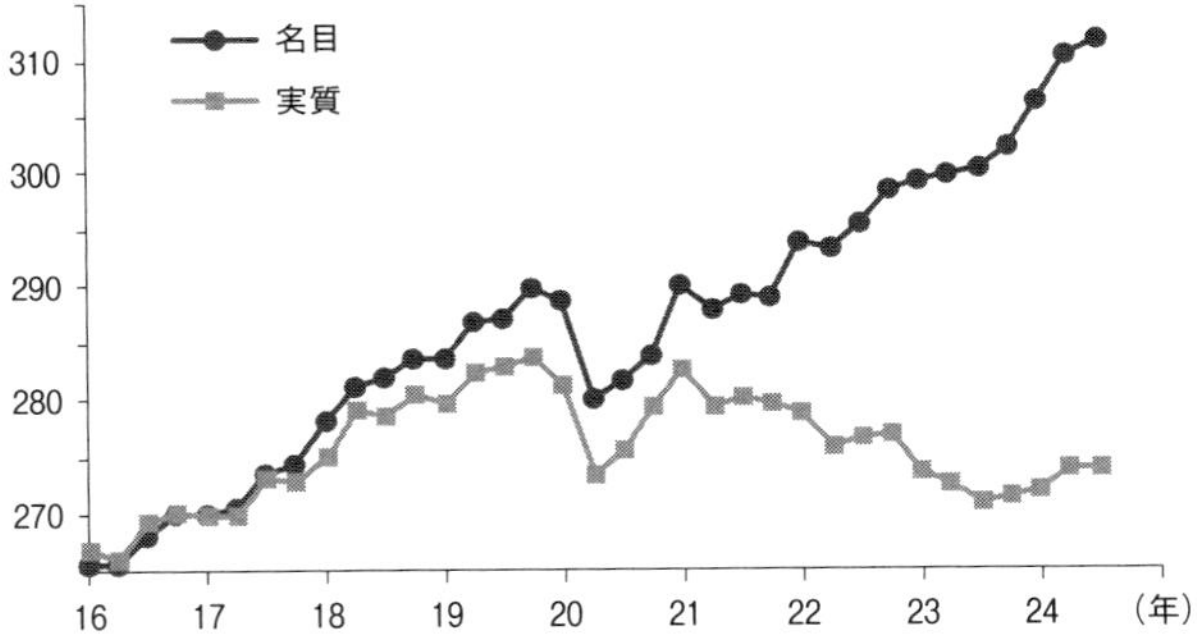

（出所）内閣府資料より、BNP パリバ証券作成

むための極めて有効なシステムでした。正社員は、毎年の昇給で豊かさを享受する一方、ピラミッド型の従業員構成を前提にすると、毎年、最も高い賃金の人々が定年退職で抜けていき、皆が一段階昇給して、最も賃金の低い新卒が新たに入社するため、会社組織全体では、人件費を完全に抑え込むことができます。

企業部門全体で見ても同様であり、第1章でお話ししたように、人件費を概ね横ばいに抑えることが可能でした。近年の賃上げによって、**図2-4**にある通り、雇用者報酬（企業にとっての雇用コスト）は確かに名目ベースでは増えてきてはいるのですが、一方で、それ以上に価格転嫁が進んでおり、実質ベースの雇用者報酬（つまり企業にとっての実質ベースの雇用コスト）は一段と抑え込まれています。人件費が増えても、利益剰余金の増大が足元で加速しているという第1章の分析と整合的です。

†実質ゼロベアが続くのか

労働法学者の濱口桂一郎《はまぐちけいいちろう》は、日本の長期雇用制の下での賃上げシステムについて、「上げなくても上がるから上げないので上がらない賃金」と読み解いています。「何のこっちゃ」という人もいるでしょう。要は、定期昇給の存在によって、ベースアップを行わなくても、個々の労働者の賃金は毎年着実に上がるから、ベースアップの必要がなく、それゆえに、日本の賃金は上がってこなかった、ということです。この強固なメカニズムが続くとすると、インフレ時代に入って、ベアが復活しても、実質ゼロベアが続くのではないでしょうか。

振り返れば、2023年の賃上げ率が29年ぶりに3%を超え、2024年に5・1%まで加速したのは、基本的には、物価高で定昇分が損なわれるのを避けるためでした。CPIコア（生鮮食料品を除く消費者物価）は、2022年度が3・0%、2023年度は2・8%でしたが、2024年に物価高を超える3・6%のベアが行われたのは、2023年の2％程度のベアでは、物価高を補うのに十分ではなかったためだと思われます。

これまでの推移を見る限り、第1章でも触れたように、大企業経営者が強く意識しているのは、個々の正社員の実質賃金が毎年、定昇によって2％程度改善することではないでしょうか。つまり、彼らは、ベアを物価上昇の調整変数にしているのではないか、ということです。

今後、インフレが定着すれば、定昇分が目減りするのを補うため、インフレ相当のベースアップが行われるでしょうが、それ以上のベアの引き上げはあまり期待できないのではないでしょうか。もしインフレを1％上回るベースアップが続けられれば、問題は解決に向かいます。しかし、ここまで論じてきた通り、経営者には実質ゼロベアのもたらすマクロ経済的な弊害が、そもそも十分には認識されていません。その結果、均《なら》してみて何とかインフレ相当のベースアップである「実質ゼロベア」が続くのではないかと筆者は懸念しています。

2　実質ゼロベアの様々な弊害

†インバウンドブームを喜ぶべきではない

改めて、実質ゼロベアが何を意味するのか、考えてみましょう。まず、第1章で詳しくお話しした通り、マクロ経済的には、生産性が上昇し、企業業績が改善しても、時間当たり実質賃金がほとんど増えていませんから、株式を保有していない多くの家計には、企業業績改善の恩恵はほとんど得られないということであり、個人消費の回復は滞《とどこお》ります。

企業は、国内では売上がほとんど増えないために、採算が取れず、積極的に投資をするのは海外ばかりとなります。また、海外投資の収益が増えても、それは、国内の従業員の成果ではないため、国内のベースアップにもつながらず、国内投資にもつながらないというのは、これまでも見た通りですが、問題はそれだけにとどまりません。

大企業サラリーマンを中心とする日本のエリート層は、賃金カーブに沿って、属人ベースでは、勤続年数とともに実質賃金が増えているため、一国全体で、実質賃金が全く上がらず、社会全体が全く豊かになっていないことの問題に極めて無自覚であると述べました。

しかし、改めて考えてほしいと思います。自分が現在、課長であるとすると、四半世紀前の課長の実質賃金と比べて十分に増えているのでしょうか。もし、現在、自分が部長だとすれば、四半世紀前の部長の実質賃金と比べて増えているでしょうか。

四半世紀の間に、一国全体の生産性が3割も上がっており、大企業であれば、生産性はもっと上がっているはずですから、一世代前と比べて同じ役職の実質賃金も多少は上昇しても良いと思われます。しかし、これまでお話ししてきた通り、全く上がっていないどころか、低下しているのが実態です。

これが一世代を経て、日本人が全く豊かになっていないことの意味です。為替市場で円安になっているから、と言うだけでなく、四半世紀前と比べて、平均的な日本人の実質賃金が全く増えていないから、割安な財・サービスを求めて外国人観光客が大挙して日本を訪れているのです。それが、実質実効円レートが1970年前後の水準まで低下していることの本質です。インバウンドブームを見て、喜んでいる場合ではないのです。

簡単にインバウンド消費の動きを確認しておきましょう。コロナ禍で大きく落ち込んで

図2-5　訪日客数（万人）

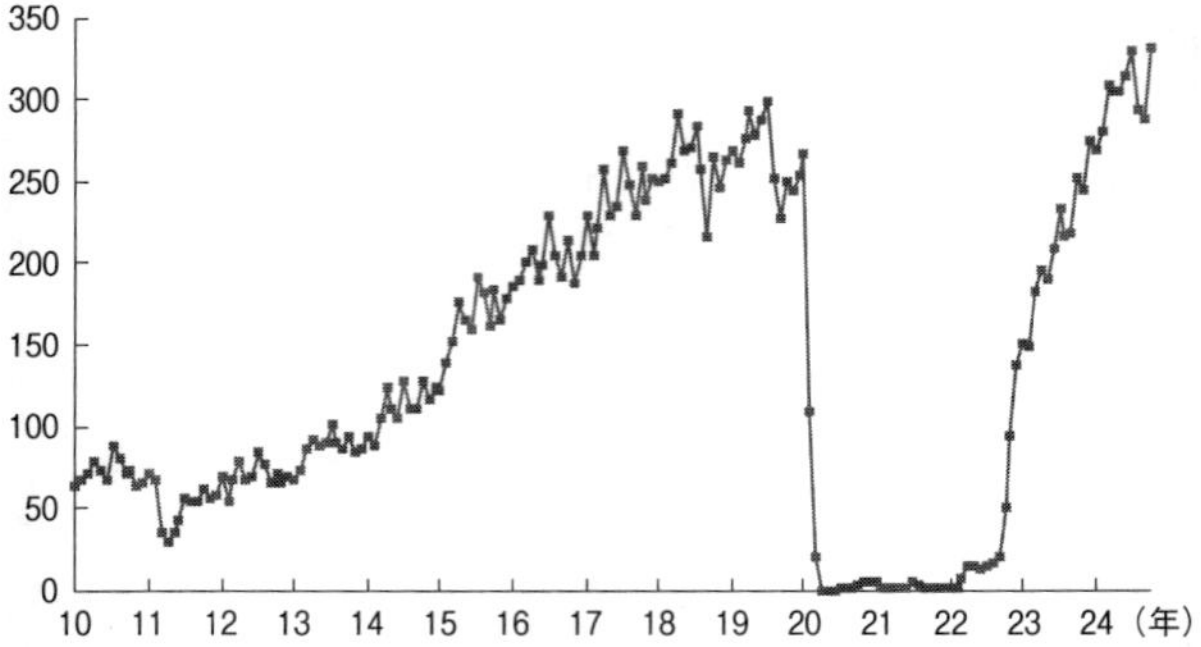

（出所）日本政府観光局資料より、BNPパリバ証券作成

いたインバウンド消費は2023年半ばにはコロナ前の水準まで戻り、執筆段階では、さらに1・6倍の水準まで拡大しています。急膨張です。一方、**図2-5**が示す通り、訪日客数は、2023年10月頃にコロナ前の水準を超えたと見られますが、最近は、少し頭打ち気味です。ただ、これは、長期で滞在する人が増えているためで、訪日客の延べ人数は膨らんでいます。一方、国内では人手不足が続き、多くの旅館やレストランは稼働率を引き上げることができなくなっていることも、訪日客数の拡大を抑えていると思います。

日本を気に入ってリピーターが長期滞在しているのは良いことですが、外国人にとってはすべての財・サービスが割安です。どこの国でも過去四半世紀、とりわけ、ここ数年、人件費が大きく上がり、物価も上がりましたが、日本は過去四半世紀、人件費はほとんど上がっておらず、物価も上がっていません。多くの外国人にとっては、タイムマシンに乗って、四半世紀前の世界を訪れたように感じているのだと思います。2021年以降、日本の物価が上がったとは言っても、それ以上に円安が進んだので、外国人にとっては、さらに割安になっています。

†賃金カーブの下方シフト

このように、インバウンドブームの背景には、この一世代で、日本人が全く豊かになっていないどころか、むしろ貧しくなっていることがあります。**図2-6**は、1998年と2023年の賃金カーブ（名目ベース）を比較したものです。大卒男性の正社員の年齢ごとの賃金がインプットされています。右肩上がりになっているのは、大卒男性の多くが、長期雇用制の枠内にあって、年功賃金制が適用されていることを意味しています。

同一年齢の賃金水準は2023年の方が1998年に比べて明らかに低く、賃金カーブが大きく下方にシフトしているのが分かります。下方にシフトしたのは、1990年代に多くの企業が過剰設備や過剰債務、過剰雇用を抱え、一方でメインバンク制が崩壊する中

図2－6　大卒男性の賃金カーブ（一般労働者、所定内給与、千円）

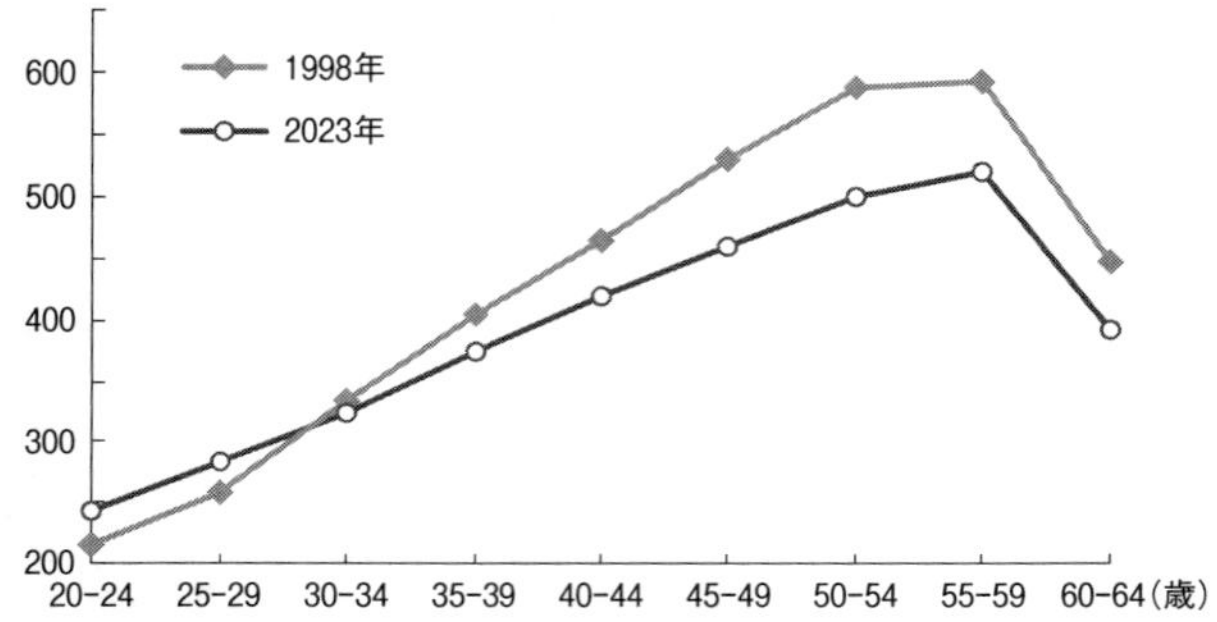

（出所）厚生労働省資料より、BNPパリバ証券作成

で、企業は長期雇用制を維持するために、ゼロベアだけでなく、定昇の一部の見直しにも踏み込んだためだと思われます。

ゼロベアが定着したのは、2000年頃ですが、過剰問題が日本を覆う中、人口ピラミッドの「大きな瘤《こぶ》」であった団塊世代がちょうど賃金カーブのピークに達していたので、大企業経営者は会社存続のために、中高年を中心に賃金水準の多少の見直しにも踏み込まざるを得ませんでした。また、退職年齢の引き上げもありましたから、その代わりに中高年の賃金水準はさらに抑えられました。

労働組合は従業員の生活や働きがいを維持するために、ギリギリの攻防の中で、何とか定昇そのものの存在は維持したわけですが、四半世紀前と比べると、賃金カーブは大きく下方にシフトしました。1

990年代初頭まで、定昇を超えるようなベースアップの妥結も見られましたが、それは遠い昔の話です。

†賃金カーブのフラット化も発生

こうした賃金カーブの変化の背景には、これ以外の様々な構造的な要因も影響しています。まず、女性の労働参加率が高まり、同じ能力を持った優秀な労働力の供給が増えたことで、男性の平均賃金に低下圧力がかかったということもあると思われます。もちろん、夫の賃金が以前ほど期待できなくなったから、妻も働きに出るようになったというケースもあるでしょう。いずれにせよ、共働き世帯が一般化し、世帯によっては、賃金が増えたというところもあるでしょうが、マクロ経済的には、ワークシェアリングが進んだと捉えるべきかもしれません。

また、賃金カーブの変化には、人員構成上、1990年前後の平成バブル入社組の突出した「瘤《こぶ》」への対応もあります。かつての団塊世代への対応と同様に、雇用リストラではなく、中高年の賃金を抑制する形での対応が取られました。その平成バブル入社組は2020年代前半に賃金カーブのピークに達しています。

一方で、2000年代末には既に明白になっていた通り、絶対数が減少し貴重になった若年層を優遇する必要もありました。それらの結果、賃金カーブは下方シフトしただけでなく、全体で見てフラット化していったのだと思われます。先ほどの**図2-6**でも、20歳代前半と後半の賃金水準は、2023年が1998年を上回っています。

また、2022年以降の円安インフレの影響もあるため、賃金カーブは、実質ベースで見ると、過去四半世紀の間に、さらに下方シフトしています。ゼロベアの下、人件費を抑え込むことに成功した多くの大企業では、コーポレートガバナンス改革よろしく、その努力に報いるため、経営層の報酬は、欧米ほどではないにしても、大きく増えたのもまた事実です。

経営層の多額の報酬の是非はともあれ、問題なのは、自らの実質所得が大きく増えているために、実質ゼロベアのマクロ経済的な弊害がほとんど認識されていないことです。これは、政策を立案する官僚も右肩上がりの賃金カーブの下で、状況は全く同じように見えます。洞察力に優れた人も少なくないのですが、高級官僚とこの議論をすると、強く意識されているのは、公的な使命を果たすべく、官僚制に残ったための機会費用がいかに大きかったかということです。彼らの高潔さは本当に素晴らしいのですが、どうやら、マクロ経済的な弊害はあまり意識されていないように思われます。

†実質賃金の引き上げに必要なこと

2024年10月27日に行われた衆議院議員総選挙では、各党が物価高を上回る実質賃金の上昇を訴えました。本書でもこれまで見てきたように、実質ゼロベアを脱し、インフレを上回るベアを大企業に促すことが重要ですが、現実には、インフレ並みのベアで十分と考える大企業経営者が多く、インフレを上回り、さらにベアを0・5ポイント、1ポイントと積み上げていくのは容易ではなさそうです。

そもそもインフレほどには引き上げられず、実質ゼロベアすら維持できない可能性もゼロではないと思われます。極めて低く抑えられている最低賃金の引き上げも大いに重要な課題ですが、大企業が正社員の実質賃金の引き上げを先行しなければ、売上の増えない中小企業は、負担が増えるだけに終わります。中小企業には内需系が多いため、大企業が実質賃金の引き上げを先行させれば、個人消費が増え、売上を増やすことができるので、中小企業も賃上げを進めることが可能になると思われます。政策の順序も重要です。

ここで、もう一つ、実質賃金の引き上げにおいて重要なことがあります。それは、公務員など公的部門の処遇です。とりわけ、地域経済においては、賃金決定のベンチマークとなる地方銀行や地方公務員の賃金が長年抑え込まれてきました。地域企業の指南役である地方銀行には、地域経済の活性化のためにも、賃上げの重要性を語っていただきたいと思います。まず、地方銀行自身が経営課題として、さらなる賃上げを掲げる必要があるでしょう。

地方公務員の賃上げも進める必要があります。社会の複雑化に伴い、地方自治体では、業務範囲が拡大し、恒常的に人手が不足していますが、過去四半世紀、財政的な要請から、地方公務員の多くも非正規雇用の補充で対応されてきました。

財政規律は極めて重要なのですが、アウトソーシングによって、安い人件費で雇えると言っても、経済全体で見れば、アウトソーシング会社が上澄みをさらっていくだけであり、さほど大きな経費削減となるわけではありません。むしろ、正規の地方公務員の採用増加を通じて、地域経済に安定的、かつ、やりがいのある雇用を生み出すという視点も重要だと思われます。地方創生を政権の柱の一つとする石破政権はどう対応するでしょうか。

また、岸田前政権では、介護士や保育士などの賃金の引き上げが推進されました。生産性が上がらなければ、賃上げは難しいという反論も根強いのですが、私たちの社会が「ケア」に対して、本当に重要性を見出すのなら、そこで働く人に対して高い対価を支払うのは当然だと思います。

過去四半世紀、高齢化の進む日本において、労働力を最も必要としたのは介護分野でした。本来であれば、強い成長分野の賃金は大きく上昇するはずであり、そこでの旺盛な労働需要が、他の分野の賃金上昇を促す要因にもなるはずですが、財政的要請から、低く抑制されたままです。社会に必要とされる仕事であるにもかかわらず、賃金が低いから、人も集まらず、社会からのリスペクトも得られず、やりがいは燃え尽き、恒常的な人手不足に直面するという悪循環に陥っています。

超人手不足社会が到来する中、介護や教育を含め、市場経済には必ずしも馴染まない仕事を担う人々の処遇について、私たちは、もう一度考え直す必要があります。価値に見合った対価を支払うことで、やりがいを高め、より付加価値の高いサービスが供給されるようになるという視点が重要です。

実質賃金が全く伸びない実質ゼロベア社会から私たちが脱却できるかどうかは、日本銀行の金融政策よりも、社会包摂の推進、あるいは、社会保障制度のアップグレードといった政策の影響がはるかに大きいように思われますが、読者はどう考えるでしょうか。

それらの政策には、常に財源が必要となりますが、筆者は、新たな付加価値税として社会連帯税の導入を念頭に置いています。マクロ経済への悪影響を最小化し、経済成長と両立させるべく、「小刻みかつ間隔を置いた増税」をモットーに、2〜3年に一度、0・5%の引き上げを想定しています。詳しい制度設計についてご興味のある読者は、拙著『成長の臨界』を参考にしていただければ幸いです。

第3章

対外直接投資の落とし穴

本章で論じるのは対外直接投資をめぐる死角である。

1　海外投資の国内経済への恩恵はあるのか

†一世代前と比べて豊かになっていない異常事態

大企業経営者は、生産性を上げなければ、実質賃金を上げられないと繰り返しますが、過去四半世紀、生産性が3割も改善しているにもかかわらず、実質賃金が全く増加していないのが、実情でした。その結果、個人消費が低迷を続け、国内での売上が増えないために、企業は採算が取れず、国内の設備投資を抑えているのです。

本書でくり返し指摘してきた、典型的な「合成の誤謬《ごびゅう》」ですが、数年間続くだけでも一国のマクロ経済には相当に大きなダメージとなるはずです。それが日本では、四半世紀にもわたって継続しており、極めて異常な事態といえるでしょう。日本のエスタブリッシュメントの多くは、日本型の長期雇用制の枠内で、毎年、昇格・昇級を繰り返しているから、経済的に豊かになったと誤認し、この問題の深刻さに気が付いていないことは第2章で詳しく論じたところです。

一世代前と比べて平均的な家計の実質所得が全く増えてはいない、というのは、19世紀後半以降の先進国の中でも、極めて異例の出来事です。現在では共働きが一般的になっているため、全く豊かになっていないわけではありませんが、それでも異常事態であることに変わりはありません。これが、「安い日本」の原因であり、「貧しくなった日本人」の意味するところでもあります。

企業問題を考える際、生産性の低い中小企業の問題と捉える人が少なくありませんが、それに関しても、元凶は、儲かっても溜め込む大企業にあると筆者は考えてきました。大企業が実質賃金を引き上げないから、本来、生産性対比で高めの実質賃金を支払わなければ人材を集められないはずの中小企業でも、低い実質賃金の支払いで許されてきました。

中小企業が新たな設備を導入しなかったのは、安い労働力を使って、生産性が低いままで生き残ることが許されていたからでもあります。大企業は「中小企業問題」の共犯者と言えるでしょう。

†海外投資は積極的

時として欧州の国々では、規制の影響で、生産性に比して、実質賃金が高く、失業率が高止まりするという現象が観察されてきました。日本では、2000年代初頭にドイツの首相だったゲアハルト・シュレーダーの改革に学べという声が聞かれることがあるのですが、それは、あくまで高い失業率を解消するための改革です。シュレーダー改革のエッセンスを一言で言えば、失業率が高いのは、実質賃金が高いためなので、実質賃金を引き下げる施策を導入する、というものでした。

他国に学ぶことは極めて重要なのですが、日本では、生産性に比して、実質賃金が相当に低いため、企業は生産設備を導入するより、人を雇った方が有利であり、それゆえに、失業率は極めて低い状況が続いています。政治的に実質賃金が低いということは問題になりますが、失業は一切問題になっていません。間違った方向で改革を進めると、「合成の誤謬」を助長しかねず、実質賃金をさらに低下させる恐れがあります。

このように、実質賃金が低く抑え込まれているがゆえに、個人消費が一向に盛り上がらないことや、資本設備を使うより、安価な労働力を使う方が有利であることから、国内の設備投資は、高い利益水準に比べると、相当に低く抑えられてきました。

一方で、大企業を中心に、近年、海外ビジネスは急ピッチで拡大が続いています。このため、大企業をめぐる問題を正確に言えば、「儲かっても溜め込んで、実質賃金の引き上げや国内投資など国内での支出には相当に消極的だが、海外への投資は積極的に進められてきた」と言わなければなりません。

とりわけ対外直接投資は大きく増加していて、2010年代には、年平均で16兆円弱のペースで実行されています。対外直接投資の一部は、投資収益の再投資であり、また最近は、超円安も加わって、円ベースの対外直接投資額は、**図3-1**が示すように、2023年までの過去3年間では平均で24兆円にまで膨れ上がり、10年前の2011〜2013年の平均の11兆円に比べると倍増しています。その結果、2010年からの毎年の対外直接投資額を累計すると、今では245兆円まで膨らんでいます。

このように対外直接投資が急激に膨らんだ結果、**図3-2**が示すように、直接投資収益

図３－１　対外直接投資（兆円、暦年）

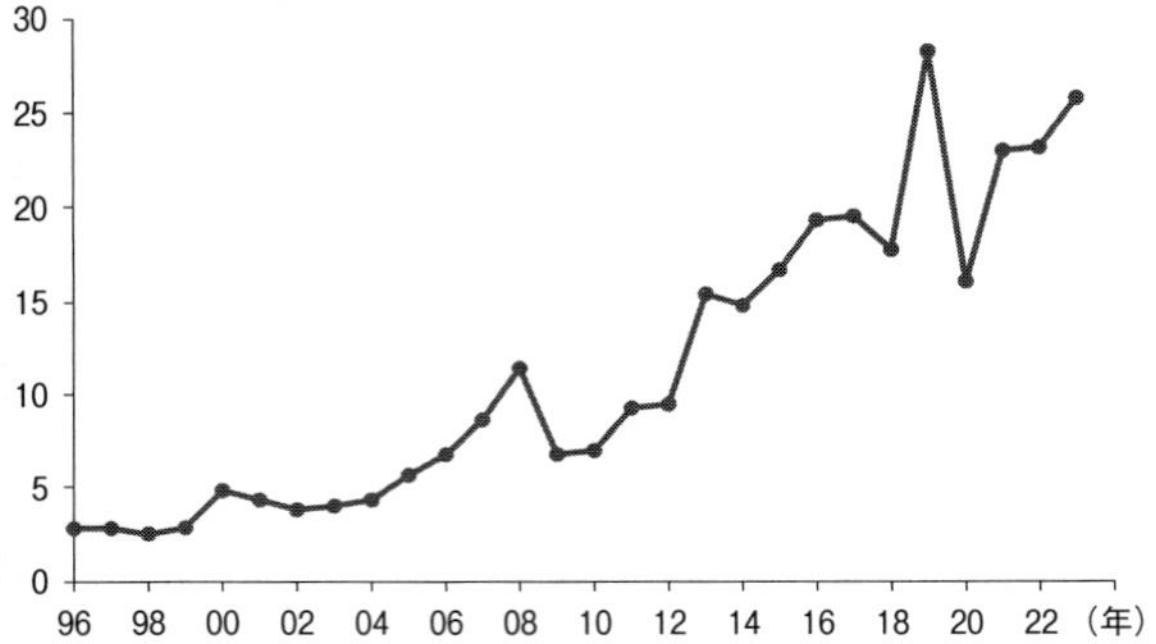

（出所）財務省、日本銀行資料より、BNP パリバ証券作成

図３－２　直接投資収益の受取（兆円、暦年）

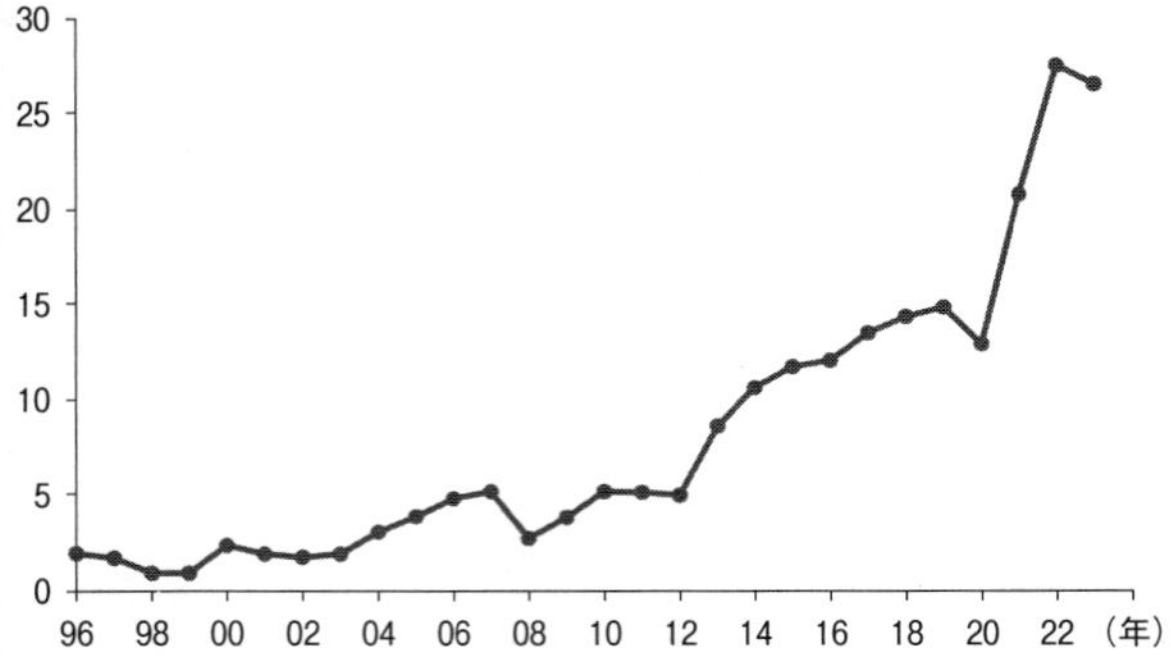

（出所）財務省、日本銀行資料より、BNP パリバ証券作成

の受け取りも、2010年代以降、急激に膨らみ、2023年までの過去3年間では平均で25兆円に達し、10年前の2011〜2013年の平均の6兆円に比べると、4倍にもなっています。

国際収支構造の変化

周知の通り、こうした直接投資収益の受け取りとともに、証券投資収益の受け取りも近年は急増している結果、それらを合計した第一次所得収支黒字は大きく膨らんでいます。生産拠点の海外移転によって日本からの財の輸出額は減少し、貿易収支赤字が恒常化していますが、そうした中で、現在もGDP比で4%程度と高水準の経常収支黒字が維持されているのは、こうした海外からの投資収益が膨らんでいるためです。貿易収支黒字が経常収支黒字の主因だった時代と比べると、すっかり様変わりです。

企業ベースで見ても、海外における投資収益が大きく膨らんでいるため、その再投資を含めて対外投資が拡大し、その結果、さらに大きな収益が海外からもたらされるという、ある種の「好循環」が起こっています。同時に、貿易収支赤字の恒常化が、需給面で円安傾向を引き起こしやすくなっており、それが財輸出を刺激するのではなく、円換算した直接投資収益を嵩上《かさあ》げしています。

これが2010年代以降の対外直接投資ブームの実相ですが、筆者は、早い段階から、こうしたマクロ経済現象について、批判的に捉えてきました。

その最大の理由は、こうした対外直接投資ブームがもたらす「好循環」に、日本の家計がほとんど組み込まれていないからです。つまり、海外で日本の大企業が儲かっても、国内の家計の実質賃金の増加には全くつながっておらず、また、企業の国内投資の拡大にもほとんどつながってきませんでした。真の好循環とは言えないので、皮肉を込めて、かっこ付きの「好循環」としていたのです。

そして、本章でもう一点取り上げたいのは、第2節でお話しするように、言われているほど、日本企業は海外で高い収益を本当に上げているのか、という問題があります。

†海外投資の拡大を推奨してきた日本政府への疑問

2000年代前半から、経済産業省を中心に、日本政府は、人口減少で売上増加の期待できない日本市場に頼るのは得策ではなく、売上拡大の期待できる海外でのビジネス拡大に注力するよう奨励してきました。筆者は、早い段階から、こうした海外でのビジネス拡大推奨を疑問視してきたわけですが、その論点をまず簡単に整理しておきたいと思います。

1つ目は、これまでの繰り返しで恐縮なのですが、そもそも前提が誤っているということです。国内の売上が増えないのは、3割も生産性が上がっている企業部門が実質賃金を低く抑え込み、個人消費が低迷しているからであって、国内投資の採算が取れないのも、そのためです。企業自身がその原因を作っているのです。過去四半世紀に起こった人口減少は、深刻な事態ではありますが、売上という点では、必ずしも致命的な要因ではなかったはずです。国内売上低迷の主因を人口減少とするのは不適切です。

2つ目は、1つ目の裏返しになりますが、海外投資に注力すればするほど、国内での人的投資や設備投資がますます疎《おろそ》かになって、「合成の誤謬」が助長される点です。海外での儲けが、国内の実質賃金の増加や国内投資の拡大に全くつながっていないだけでなく、儲からない国内では、コストカットばかりが注力され、それが縮小均衡を招いてきました。

いずれにしても、海外からの投資収益が膨らみ、企業業績は過去最高を記録し続けていますが、国内の人件費はほとんど増えていませんし、国内経済への恩恵は乏しいと言わざるを得ません。名目賃金はようやく増え始めたのですが、インフレにはなかなか追いつけず、実質賃金の減少がどうにか止まったのは2024年半ばでした。

3つ目は、海外での生産が増える一方で、それが国内の生産現場での活動に全くつながっていないため、国内でのイノベーションの機会が損なわれていることです。生産現場を持たなければ、創意工夫は追求されませんし、アイデアの交配も生まれません。イノベーションが起きないので、国内の生産能力の増加にはつながりません。いや、むしろ生産能力が縮小傾向を辿るという悪循環が続いています。人手が足りないから、生産能力を増やせないと言いますが、定型的な業務に関しては、それこそロボティクスやソフトウエアで対応すれば済む話なのであって、国内に生産現場を持つことで、非定型的な業務の課題に直面し、それを解決することが、新たなビジネスやイノベーションの源泉になるのだと思われます。

もう少し詳しく言うと、国内にこそ、単なる自動化やコストカットには留まらない、限界生産性を高めるようなイノベーションの潜在的なチャンスが存在します。もともと、製品やサービスの品質に対して、世界で一番要求水準が高いのが、日本の消費者でした。高齢化によって需要構造は大きく変わりましたが、企業は変貌した需要を取り込む努力を怠っているのです。

少なからぬ大企業が、かつての日本社会がまだ若かった頃に成功した古いビジネスモデルを後生大事にし、アジアなどの新興国で適用しようとして、海外進出を進めましたが、それは単に古いビジネスモデルの使い回しに他なりません。これでは、新たなビジネスモデルが生まれないのも当然でしょう。

もちろん、国内で、新たな需要を生み出すためのイノベーションの取り組みが遅れているのは、実質賃金が低く抑え込まれ、消費全体のパイが膨らまなくなっているという、そもそもの問題があります。あらゆるところで、「合成の誤謬」が生じているということです。

†好循環を意味しない株高

読者の中には、利益率が高い投資に注力するのが市場経済のゲームのルールなのであって、だとすれば、高い利益率の事業案件に再投資されるのも、また当然の帰結であると考える人が多いかもしれません。さらに、海外からの投資収益を基に、日本企業は好業績を続け、多額の配当も支払われ、また、利益剰余金として溜め込まれていると言っても、それを反映する形で、2010年代以降、株高傾向も安定的に続いているのだから、何を問題視する必要があるのか、そう考える人も多いでしょう。

図3－3　経常利益と株式時価総額

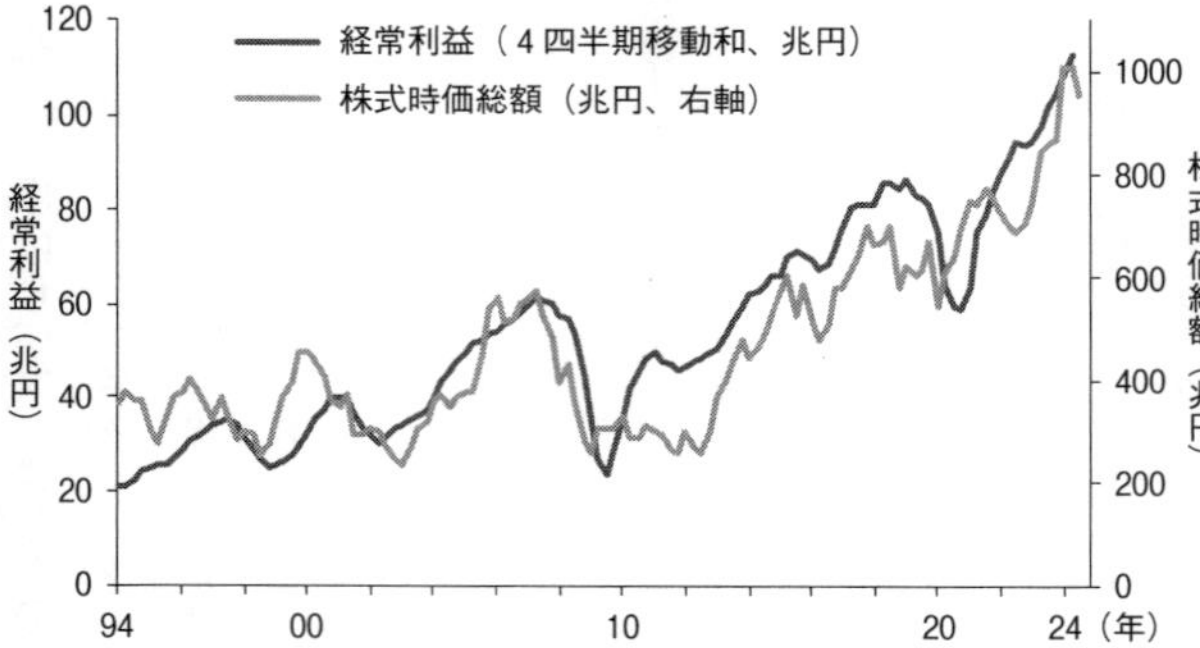

（出所）財務省、東京証券取引所資料より、BNPパリバ証券作成

確かに、2012年末以降、株高傾向は続いていて、それが業績の改善を反映したものであるということには筆者も同意します。それは、**図3-3**からも明らかです。ただ、それを問題なしと受け入れるには、少し引っかかる部分があります。それは、これまでも論じたように、配当が増えたとしても、また、株高が続いたとしても、家計部門の株式の保有比率があまりに低いため、実質賃金がこれほどまでに低く抑えられたままでは、家計への恩恵が極めて乏しいものに留まるからです。企業業績が改善し、株高が続いても、それだけでは、経済全体の好循環を意味しないのです。

また、配当増加や株高の恩恵をもっぱら享受しているのが外国人投資家であるとすれば、所得増加の多くは海外に流出しているということにならないでしょうか。近年、円安進展で企業の海外での利益が膨らむと、株式を保有する外国人投資家は多大なメリットを享受していますが、一方、円安による輸入物価上昇で、実質賃金減少の憂き目に遭うのは家計部門です（外国人投資家は日本株を購入する際、ドル資金からスタートするのではなく、円資金を借り入れるので、円安による為替差損は発生しません）。

そうした点で、岸田前政権が導入した新ＮＩＳＡなど、家計のリスク資産保有を高める政策が遅ればせながらも開始されたことは、望ましいことだとは言えます。ただ、家計の所得の中心は、労働の対価である実質賃金です。政策の本丸も、生産性の改善に比して大きく抑え込まれている実質賃金の引き上げであることに変わりありません。

第1章でお話ししたように、米国は、欧州に比べると、レント・シェアリング（超過リターンの分配）のルールが十分に確立していないと非難されますが、１９９０年代末以降、生産性が50％増える中で、実質賃金は25％も増えています。生産性が30％上がっているにもかかわらず、実質賃金が横ばいのままで、レント・シェアリングが一切行われていない日本の方が酷《ひど》いとは言えないでしょうか。なぜ日本政府は、この「市場の失敗」を放置しているのでしょうか。

2　対外投資は本当に儲かっているのか

勝者の呪い

　さて、本章で筆者がもう一つフォーカスしたいことは、企業の海外直接投資は、多くの人が考えているほど、収益率が高いわけではないという点です。まず、**図3-4**で、毎年の対外直接投資を累計した金額と、対外直接投資の残高を比べると、恒常的に、後者の方が小さいという事実があります。差額が発生するのは、投資した後に、資産価値が上がったり、下がったりするためで、投資である以上、リスクは付き物であると言えるのですが、価値が下落した場合のキャピタルロスなどを含めて、恒常的に損失が発生している可能性があるということです。

　ここで「対外直接投資の受け取り収益」を「対外直接投資残高」で割った「対外直接投資収益率」を計算すると、1990年代末以降の平均で見て7％もの高い数字となります。

図３－４　対外直接投資残高の推移（資産、兆円、暦年末）

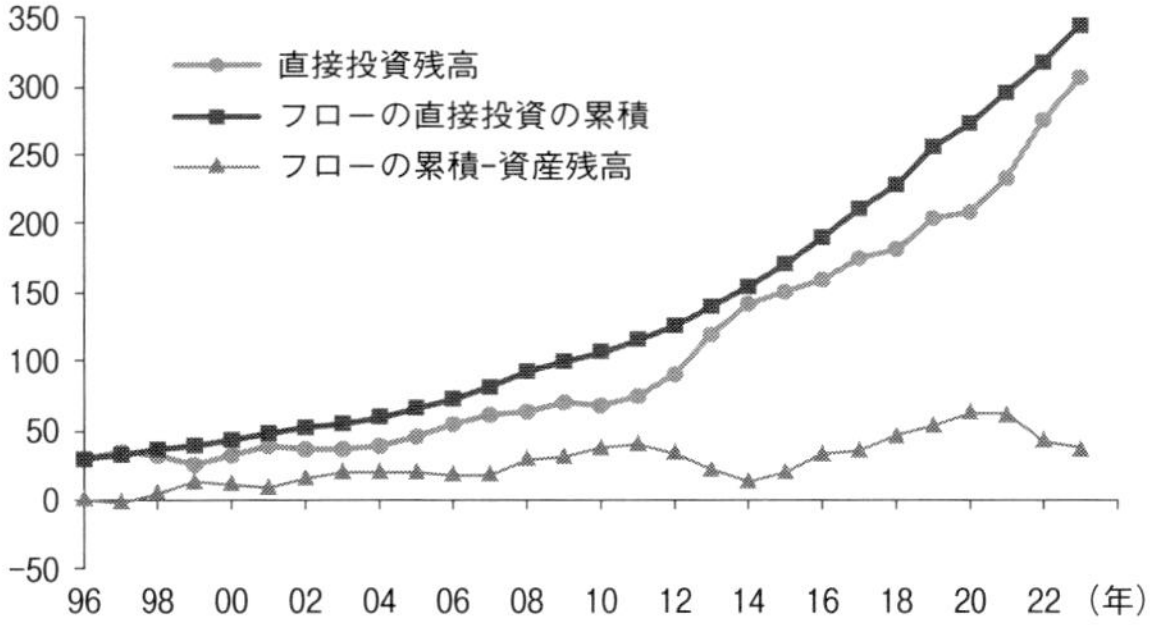

（出所）財務省、日本銀行資料より、BNP パリバ証券作成

しかし、前述した損失（キャピタルロス）を含めると、収益率の平均は４％まで低下します。最近は両者の差が縮小しているのですが、これは、円安傾向で対外投資収益が嵩上《かさあ》げされていることが相当に影響しているように思われます。企業の海外投資の収益率は、言われているほど高くはないようです。

もともと企業買収（Ｍ＆Ａ）の場合、企業の買い手に比べて、売り手の方が様々な情報を持ち合わせているので、Ｍ＆Ａには大きなリスクを伴うことが知られています。また、複数の買い手が潜在的に存在する場合、オークション的なメカニズムで値段がつり上げられる傾向があります。２０１７年にノーベル経済学賞に選ばれた行動経済学者のリチャード・セイラーは、オークションで落札した人が損失を被る傾向にあることを「勝者の呪い」と呼んでいます。企業買収の勝者は、過大なプレミアム（上乗せされる割増金）を支払う羽目に陥るリスクがあるのです。

ですから、M&Aの歴史が長く百戦錬磨であるはずの欧米企業もホームグラウンドにおいてすら、企業買収は上手く行かないケースが少なくないのであって、買収した後に、事業ポートフォリオの一部に少なからぬ問題が見えてくるのが常と言えます。情報を十分に持たない日本企業が買収を仕掛けるとなると、相当に割高な購入となってしまうこともありそうです。

†高い営業外収益と無視し得ない特別損失

企業部門のデータを見ると（**図3-5**）、大企業では、営業外収益は2023年度に30兆円に達していますが、この少なからぬ部分が、対外直接投資からの収益に対応しているのだと思われます。対外直接投資の増加に伴って、営業外収益は相当に大きく膨らんでいます。

ただ、同時に気になるのが、特別損失も決して小さくはないことで、かつ、恒常的に発生している点です。日本企業が過剰債務、過剰設備、過剰雇用を抱えていた2000年代

図３－５　営業外収益と特別損失（大企業、兆円）

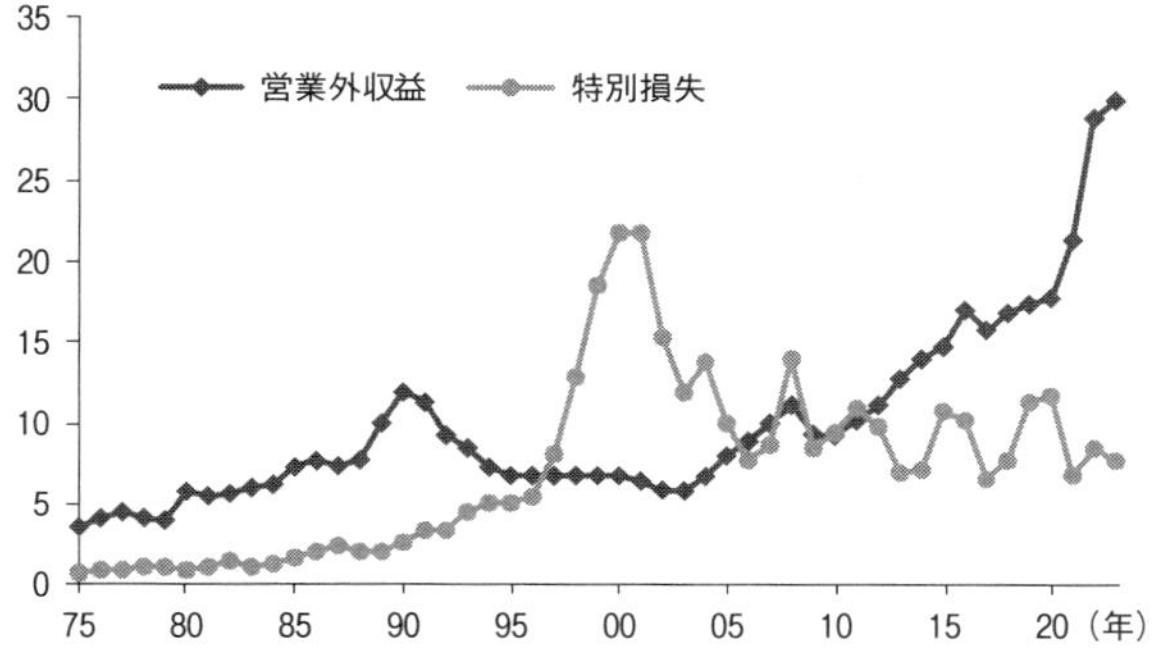

（出所）財務省資料より、BNPパリバ証券作成

初頭の25兆円からは減少しているのですが、その後も毎年10兆円前後の特別損失が発生しています。

これらのことは、対外直接投資の増加で、日本企業の海外での経済活動は著しく拡大し、それが営業外収益の増加という形で、経常利益を大きく押し上げていますが、一方で、毎年、対外直接投資の失敗で、少なからぬ特別損失が発生していることを意味しているのではないでしょうか。

もちろん、損失を優先して計上するのは、会計における保守主義の原則の現れであって、価格が上がった場合のキャピタルゲインなどの利益の計上は控えられている可能性もあります。しかし、日本経済新聞を読んでいると、たまに海外事業で大きな損失を出した企業の関連記事が１面にでかでかと掲載されることがあります。通常、私たちが株式投資において注目するのは、経常ベースの利益ですが、経常利益には含まれない特別損失も無視し得ない規模で発生している可能性があります。

日本企業の対外直接投資の収益率は実は低いのだとして、この問題に大きく切り込んだのは、第1章にも登場した経済学者の脇田成です。その推計では、先ほどの筆者の試算より、さらに低い数字となっています。一方、経済学者の鯉渕賢《こいぶちさとし》と後藤瑞貴《ごとうみずき》らは、個別企業の財務データを基に分析を行っていて、個々の企業において無視し得ない規模の海外投資の失敗事例の存在を示していますが、全体としてみれば、日本企業の対外投資のパフォーマンスはさほど悪くはないと結論しています。

いずれにせよ、一般に考えられているほどには、対外直接投資の収益率は高くはないということなのだと思います。

†キャリートレード?

対外直接投資は、表面的には高い収益が得られ、それが高水準の経常利益を支えているけれども、一方で、日本の産業界全体としてみると、毎年、恒常的に少なからぬ規模の特別損失が発生しているということは、言わば、過大なリスクを取って、利益を得るキャリートレードを行っているようにも見えます。

キャリートレードというのは、表面的には、リターンは高く見えるけれど、むしろリターンに見合わないほどの、過大な高いリスクを甘受しているということです。成功報酬ベースで運用資金を預かっている場合、ファンドマネージャーは資金の出し手には内緒で過大なリスクを取って、高いリターンを稼ぐと、高い運用報酬を獲得できます。高いリスクを取っているのが明らかになるのは、リスクが顕在化し、投資の失敗が明白になる時です。

確かに自動車セクターのように、海外で巨額の利益を恒常的に稼いできたセクターも存在します。しかし、企業買収を含め、海外ビジネスの失敗による巨額の損失が時折、報道されているのもまた事実です。

第1章でもお話ししましたが、時として株主は、企業経営者に短期的利益を求めますと言いますか、多くの場合、短期的利益を追求します。海外で営業外収益を上げ、高い経常利益を維持して、一定程度の配当を継続し、株価も高値を維持していれば、海外投資の本質がキャリートレードに近いものであったとしても、短期的利益を追求する株主は不満を持つこともないということでしょうか。

ここで注意しておかなければならないのは、2010年代以降、概ね円安傾向が続いてきたために、海外での収益は嵩上げされ、海外活動での問題が覆い隠されている可能性がある点です。2000年代末のグローバル金融危機とその後の欧州債務危機以降、2020年代初頭のパンデミック危機の一時期を除いて、グローバル経済は比較的安定して推移してきました。製造業のグローバルサイクル（世界的な景気循環）が冴えない局面が何度かありましたが、円安傾向が続き、それがクッションとなるお陰で、日本企業の海外での問題は、覆い隠されてきました。厄介で大きい問題が、そろそろ噴出し始めるのかもしれません。自動車セクターは好調と申し上げましたが、EV化の出遅れや失敗もあって、一部企業には問題も現れ始めています。

また、円安による輸出企業へのクッションは、家計の犠牲の上に成り立っていたものでもあります。円安インフレによる実質購買力の低下が、2022年以降、政権支持率の低下をもたらし、ついには岸田文雄首相が退任に追い込まれました。その後、2024年10月末の衆院選挙で、自民・公明の与党が過半数割れを起こし、石破茂首相が厳しい政権運営を強いられているのも、円安インフレで実質購買力が減少した国民の怒りが大きく関係していると思われます。そうした点で、既に危機のマグマは、噴出し始めているとも言えます。

ただ、それでも日本銀行がゆっくりとしか利上げを行わないのは、何らかの要因でグローバル経済が大きく躓《つまず》き、急激な円高が訪れた時にこそ、円安のお化粧も一気に剝《は》げ落《お》ちて、日本企業に大きなダメージを与えると懸念しているからかもしれません。

ただし、筆者自身は、再び大幅な円高の時代が訪れるのかという点については、少し疑問を持っています。それは、過去四半世紀の円高の原因が、メインバンクなき後の企業行動とも少なからず関係していたと考えるからです。

†過去四半世紀の円高のもう一つの原因

これまで、経済危機が訪れた際、グローバル展開する日本の大企業は、手元資金を確保するために、海外から国内への資金還流を進めました。グローバル危機が訪れた際、大幅な円高が生じていたのは、ゼロ金利の円資金を借り入れて、高金利通貨に投資する円キャリートレードを行っていたヘッジファンドなどの投機筋が、ポジションを手仕舞いするために円を買い戻していることだけが理由ではなかったと思われます。

また、筆者の認識としては、本邦金融機関は、ドルなどの外貨資金を短期で調達して、米国債などへの投資を行っているので、グローバル危機が訪れた際、外貨資金の調達がやや難しくなることはありましたが、それが直接的な円高要因にはなっていなかったと思います。

むしろ、大きな円高要因となっていたのは、メインバンクが不在となった後、事業会社が、万が一の倒産リスクに備えて、海外での儲けを含め、国内に資金を還流させるために、ドル売り円買いを急いだことだったと思われます。しかし、これまで論じたように、利益剰余金が相当に積み上がり、過大なほどの自己資本(貯蓄)が存在するため、もはや資金還流のためにドルを売り、円を買う必要性はなくなっています。

実際、コロナ危機が始まった2020年には、グローバル危機であったにもかかわらず、大幅な円高にはなりませんでした。複雑な理由が絡んでいますが、企業が分厚い自己資本を積み上げていたから、国内への資金還流の必要性がなかったことも影響しているのではないでしょうか。もちろん、日本銀行が異次元緩和を漫然と続け、潤沢な資金の恒常的な供給によって、国内ではあらゆるところで資金余剰が発生していたから、流動性危機は一切起こりませんでした。そのことも、円高が回避された理由であると思います。

†円高危機は終わったのか

図3-6　非金融法人の利子収入と利払い費（兆円、FISIM 調整前）

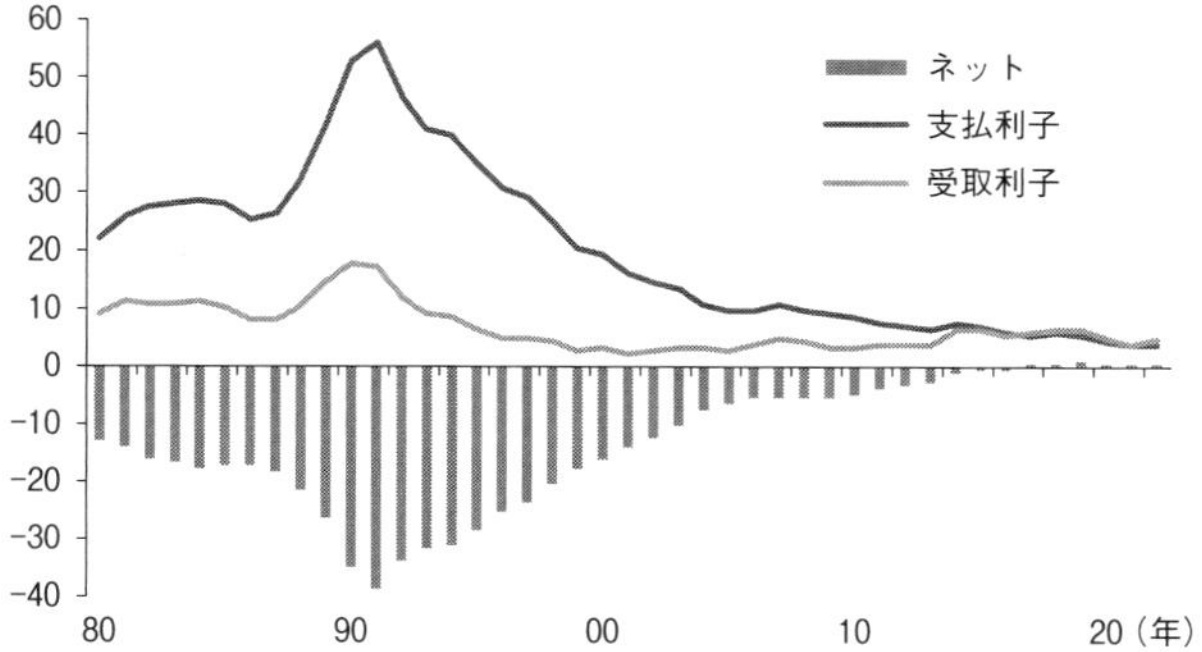

（出所）内閣府資料より、BNP パリバ証券作成

過去四半世紀、日本銀行は危機時の円高対応に追われてきました。政策金利は既に1995年から事実上ゼロとなっていたため、危機が起きた際、米国の利下げが引き起こすドル安・円高を回避するために、非伝統的な手法を駆使して、金融緩和を繰り返してきました。

ただし、表面的には、金融緩和を行うことで、資本コストを低下させ、企業の借入を促し、設備投資を促進することが目的なのだと日本銀行は説明してきました。

現実には、これまでも見てきた通り、1990年代後半から、フローで企業は貯蓄主体となっていて、資本コストを引き下げることによる景気刺激効果はほとんど存在しません。**図3-6**を見ると、わずかですが、企業部門全体では、遂に支払利子よりも受取利子が多くなっています。ストックベースで見ると、引き続き企業部門は借り手であるため、金利が上がれば、再び受取利子より支払利子が増えてくると思われます。ただ、債務は相当に軽く、金利低下のメリットは小さくなっています。

資本コストが下がったからと言って、将来の支出を前倒しする効果が小さいのは、企業だけでなく、家計も同じです。むしろ、家計は、金融緩和の長期化によって、受取利子が大きく減少することで、所得が減るという「負の所得効果」が生じ、個人消費は抑制されてきたと考えられます。

日本では、もともと家計や企業の異時点間の代替効果は小さいため、金融緩和による総需要の刺激効果は相当に小さいと考えられていました。異時点間の代替効果というのは、金利を下げることで、将来使う予定だったお金を今使うように働きかける効果のことです。金融緩和の本質は、需要の前倒しであり、それは、資本コストを低下させることによって、将来支出するよりも、現在支出するのを有利にすることにあります。日本では、将来の支出を現在の支出に代替（転換）するという金融緩和の効果は、もともと低いと考えられていたのです。

それにもかかわらず、日本銀行が異次元緩和を長期化してきたのは、米国が利下げ局面に入った際、内外金利差が縮小し、それが超円高をもたらすと、輸出企業の業績が悪化し、その結果、国内で設備投資や雇用者所得の減少がもたらされ、負の乗数メカニズムが働くことを懸念していたからです。

しかし、その輸出企業も潤沢な資金や分厚い自己資本を抱える現在、資金還流の必要性は小さくなり、以前のような超円高が起こる可能性は小さくなっていると考えられます。パンデミック危機の際、米国が大規模な金融緩和を行っても、以前のような円高が起こらなかったというのは、先にお話しした通りです。今では逆に、多くの経済主体が困るほどの超円安が生じるようになっています。実際、輸出企業の集まりである経団連は、円安で大きなメリットを享受しているはずですが、近年、これ以上の円安は日本経済には弊害が大きいと真剣に言い始めています。

†資源高危機

もちろん、将来、グローバル危機が再発し、世界経済が後退局面入りする事態となれば、再び円高が生じるリスクは否定できません。そうした懸念が残ることも、日本銀行が利上げに慎重な一因であると思います。

図3－7　交易利得（実質GDP比、％、季節調整値）

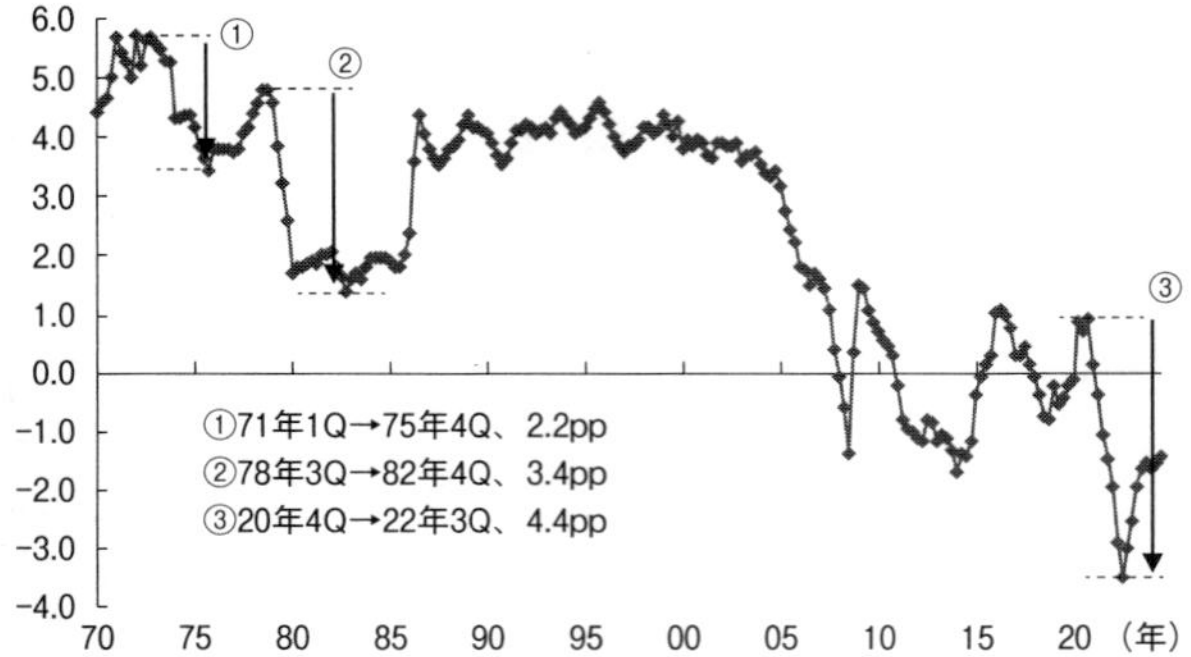

（出所）内閣府資料より、BNPパリバ証券作成

ただ、2022年以降、日本経済が直面したのは、過去四半世紀に繰り返された金融危機ではなく、第二次オイルショックに匹敵する交易条件の大幅な悪化でした。交易条件というのは、一単位の財・サービスを輸出することによって、どれだけ輸入を得られるか、といった言わば取引条件のようなものです。原油など海外からの資源の輸入に大きく頼る日本にとって、資源価格の上昇は、海外への支払いを増やし、交易条件を大きく悪化させ、私たちを貧しくさせます。

図3-7にあるように、2022年の交易条件（交易利得）の悪化は、歴史的に見て相当に大きなものだったのですが、輸入物価上昇によるショックは、日銀が異次元緩和を継続することで生じた円安によってさらに増幅され、家計の実質購買

図3－8　実質GDP、実質GDI、実質GNI、実質雇用者報酬（暦年、兆円）

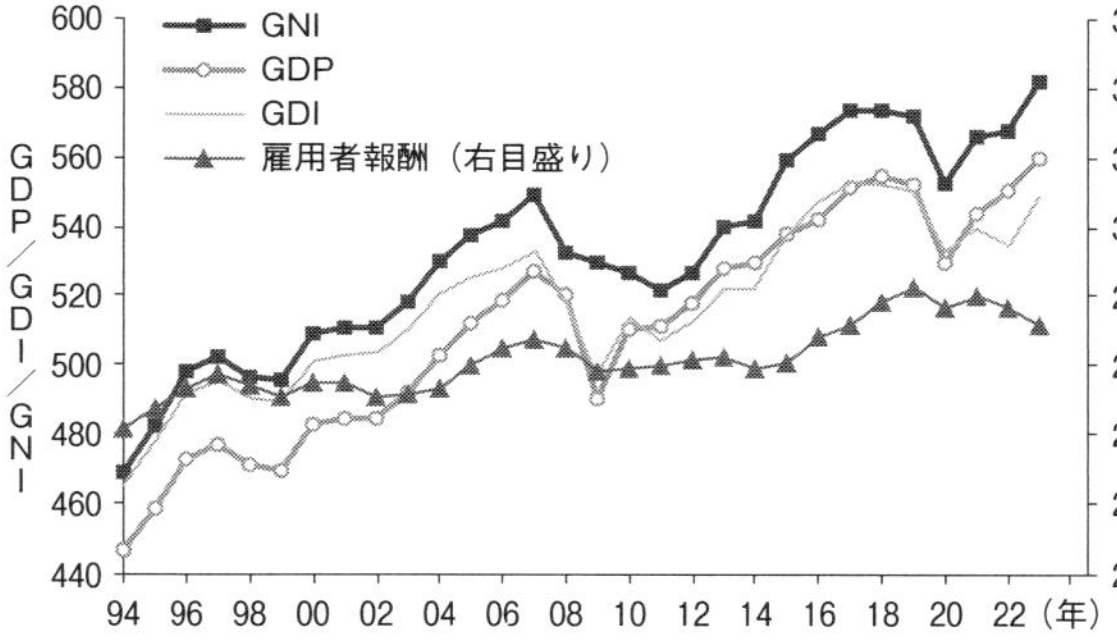

（出所）内閣府資料より、BNPパリバ証券作成

力を大きく悪化させました。

輸出企業は超円安でダメージを吸収したため、このショックは主に家計部門と内需セクターに皺寄《しわよ》せされました。コロナが終息した後、リベンジ消費で堅調な景気拡大が続くと思いきや、２０２３年４〜６月から個人消費が減少を続け、２０２３年７〜９月以降、しばらくの間、実質ＧＤＰの拡大が止まっていたのは、こうした背景もあるのだと思われます。

ちなみに、近年の日本のＧＤＰ統計を見ると、**図3-8**が示す通り、好調な順に「実質ＧＮＩ＞実質ＧＤＰ＞実質ＧＤＩ＞実質雇用者報酬」となっています。実質ＧＤＰ（国内総生産）は国内で生み出された付加価値の総額で、通常、私たちが経済成長率を論じる時などに使いますが、大きく増えている対外直接投資収益は含まれていません。実質ＧＮＩ（国民総所得）には、対外直接投資収益など日本の国民（企業や個人）が海外で生み出した付加価値も含まれているので、実質ＧＤＰより早いペースで拡大しています。

また、先ほど触れた資源高などによる交易条件の悪化による海外への所得流出（交易損失）は、この実質ＧＤＰには含まれていません。時として実質ＧＤＰが実感に合わないのは、海外への所得流出である交易損失が含まれていないためです。実質ＧＤＰから交易損失を引くと実質ＧＤＩ（国内総所得）となりますが、先ほど見た通り、近年、大きな交易損失が発生しているので、実質ＧＤＩは実質ＧＤＰよりも低い水準です。資源価格が下落し、交易条件が改善する場合は、交易利得（海外からの所得の流入）となるため、実質ＧＤＩの方が実質ＧＤＰより大きくなります。

同じグラフに、実質雇用者報酬も加えています。これが低迷しているのは、生産性が上がっても、実質賃金が上がっていないからですが、一番冴えない実質ＧＤＩよりもさらに低調な動きが続いているのは、交易条件の悪化の影響が、家計部門に皺寄せされているということだと思います。実質雇用者報酬があまり増えていないのは、私たちの実感通りと言えそうです。

†超円安に苦しめられる社会に移行

かつて、日本はグローバル危機が訪れ、米国が利下げ局面に入ると、ゼロ金利の常態化で利下げ余地が乏しいために、超円高が進み、輸出企業の業績が大幅に悪化し、株安に苦しめられてきました。米国の利下げ局面で、超円高に苦しめられる社会だったのです。

しかし、グローバルで金融規制が強化され、金融危機は簡単には起こらなくなりました。そして、2018年頃から米中新冷戦が始まり、地政学の時代が到来しました。そこでの危機は、金融危機となる可能性もありますが、場合によっては、資源高によるインフレ危機となる可能性もあり、必ずしも米国の中央銀行が大幅な利下げで対応するわけではありません。実際、2022年以降、米国は大幅に利上げを行い、それが超円安をもたらしています。

筆者が懸念しているのは、日本社会は、米国の利下げ局面において超円高で苦しむ社会から、米国の利上げ局面や、利下げ観測が後退する局面において、超円安で家計が苦しめられる社会に移行したのではないか、ということです。

実は、地政学の時代に移行したことだけでなく、日本の経済構造にも大きな変化が生じ

図3－9　製造業の生産能力指数（2020年＝100、季節調整値）

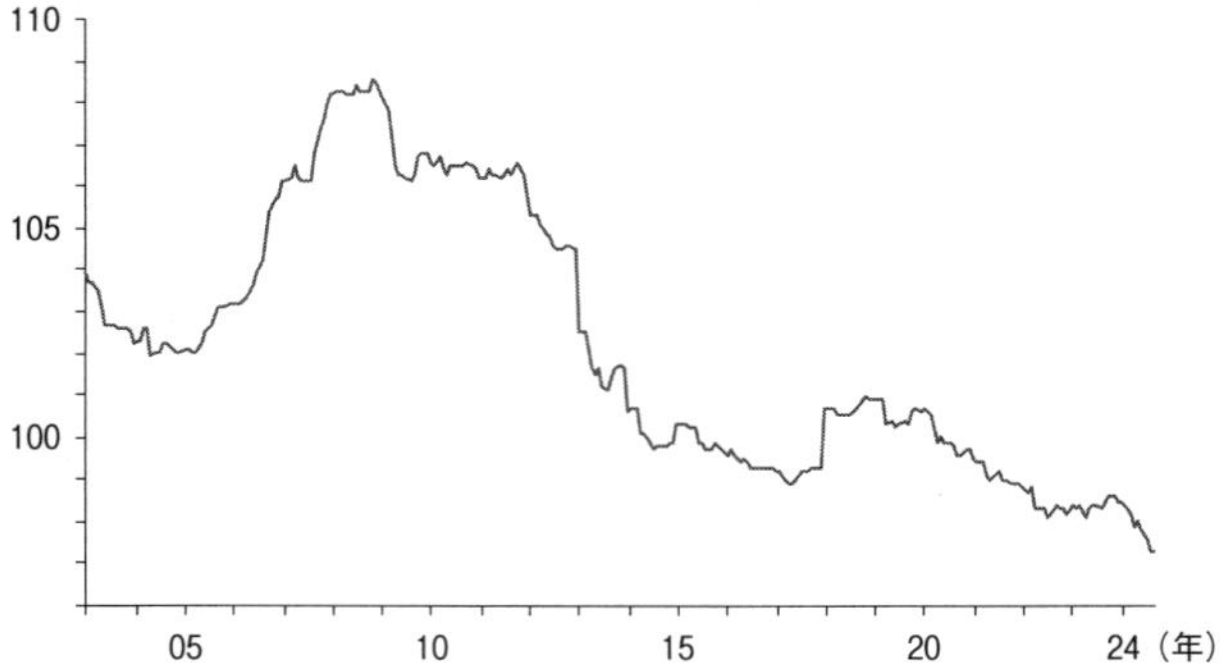

（出所）経済産業省資料より、BNPパリバ証券作成

ています。まず、第1章でもお話ししましたが、日本では、インフレ率が上がっても預金金利がゼロ近傍の低い水準にあるため、家計は預金の実質価値の目減りを恐れて、外国株ファンドの購入を増やし始め、それが大きな円安要因となっています。この問題は、内外金利差の問題ではなく、インフレに金利上昇が追いつかなければ、ずっと続く問題です。

また、本章でも見た通り、製造業の生産拠点が海外にシフトしたために、貿易収支赤字が定着していることも円安要因となっています。地政学の時代であるから、生産拠点の国内回帰もあり得ると言いたいところですが、本章でお話しした通り、過去四半世紀、投資と言えば、海外投資ばかりであり、国内投資はすっかり疎《おろそ》かにされてきました。

図3-9を見る限り、国内の生産能力の縮小をいかに早く止めることができるかどうかが論点なのであって、貿易収支黒字の定着はハードルが相当に高いように思われます。抑え込まれてきた実質賃金の引き上げは個人消費の回復だけでなく、国内生産能力の回復にもつながると思われます。

†なぜ利上げできないのか

このように円安が進みやすい経済環境に移行しているように見えますが、その円安でインフレが進んでも、簡単には利上げを行うことができなくなっています。まず、預金金利の引き上げ論議と裏腹の関係にありますが、30年近くもゼロ金利政策を続けてきたため、企業や家計が利上げへの耐性を失っていることを恐れ、日本銀行の利上げは相当に遅れがちです。

筆者自身は、急激な円安インフレによる家計への悪影響を避けるために、2022年春から日本銀行も利上げを開始すべきだと考えていましたが、その後もしばらくは、そうした主張は極端な意見だとして退けられていました。

また、何より、公的債務残高がGDPの2・5倍に達するため、利上げを急ぐと、利払い費急増で、公的債務の持続可能性に疑義が生じ、金融市場が混乱します。それがもたらす経済や物価への悪影響を考慮すると、必然的に利上げはゆっくりとしたものにならざるを得ない、という財政サイドの要請もあります。そうした懸念を筆者も共有しますが、しかし、低い金利が続くと、財政コストは低いままだと政治的に誤認され、結局、大盤振舞の拡張財政が繰り返されるだけで、公的債務残高を一段と膨らませているのではないでしょうか。

2024年6月に日本銀行は長期国債の購入減額を決め、7月にその具体策を示しました。筆者自身は、長期国債の購入減額をもう一段進めるべきだったと考えていますが、財政への配慮から減額幅は相当に抑えられたのだと思われます。ただ、その決定が大きな問題を孕《はら》んでいることを政策当局者は十分認識しているでしょうか。

今後、米国で思ったほど利下げが行われない、あるいは、利上げを行わなければならない、という思惑が広がれば、米国の長期金利は上昇します。本来、世界の長期金利は連動して動いているので、米国の長期金利が上昇すれば、日本の長期金利も上昇し、為替レートの変動はさほど起きないはずです。しかし、現実には、日本銀行が大量に日本国債を保有しているので、米国の長期金利が上昇しても、日本の長期金利はさほど上昇せず、その代わり、円安が進みやすい環境となっているのだと思います。

このように、日本経済が円安になりやすい構造に変化しただけではなく、私たちが、政策的に国内の長期金利の変動を抑えようとしているから、円安が起こりやすくなっていると言えます。

†日銀は「奴雁」になれるか

さて、皆さんは、「奴雁《どがん》」という言葉をご存じでしょうか。仲間の雁が餌を啄《ついば》んでいるときに、不意の難に備えて、常に周囲に注意を払っている見張り役の雁を「奴雁」と呼びます。1979年から1984年まで日本銀行総裁を務めた前川春雄《まえかわはるお》は、日銀職員は日本経済の奴雁であるべきと説いたそうです。

日本経済の「奴雁」たるべき日本銀行が一足先に危機を警戒するのは大変に望ましいことですが、今後、場合によっては、超円高という危機ではなく、家計に多大な負担を強いる超円安という危機が繰り返す可能性も意識しておく必要があるのではないでしょうか。

筆者としては、これまでもお話しした通り、企業や家計の行動が大きく変容したことから、今後、わが国が超円高ではなく、超円安によって苦しめられる社会に移行したのではないかと懸念しています。

いずれにせよ、円高・円安の両サイドの危機を睨《にら》むとするのなら、現在のように、大幅なマイナスの実質金利という極端に緩和的な金融環境を継続することは、リスクマネジメント上、適切ではないと思われます。

本章では、実質賃金が低く抑え込まれる一方で、増大する企業の対外直接投資が問題含みであることを詳しくお話ししました。必ずしも儲かりもしない対外直接投資にばかり注力するより、企業経営者は、国内の実質賃金を増やすことにもっと真剣になるべき、ということをお伝えしたかったのです。

また、今後、仮に２％インフレが定着する場合、企業が毎年３％のベースアップを継続するか、あるいは、実質ゼロベアを意味する２％のベースアップに止めるのかが、マクロ経済上は大きな問題となります。２％なら６兆円の原資を要し、３％なら年９兆円程度を要します。３兆円の差は大きいように見えますが、日本の利益剰余金の積み上がりを考えると、３兆円余分に払っても、資金収支上、近年の対外直接投資の拡大ペースに何ら影響をもたらすものではないと思われます。

第4章 労働市場の構造変化と日銀の二つの誤算

本章で論じるのは労働市場の構造変化をめぐる死角である。

1　安価な労働力の大量出現という第一の誤算

†ラディカルレフトやラディカルライトの台頭

これまで本書では、過去四半世紀、日本の時間当たり生産性が3割も上昇しているにもかかわらず、時間当たり実質賃金が全く上がっていないと論じてきました。それゆえに、個人消費は拡大せず、企業は国内の売上が増えないために、投資をするのが海外ばかりとなってきました。

ただ、長期雇用制の枠内にいる大企業の正社員は、実質ゼロベアが続いていても、毎年の2％弱の定昇によって、属人ベースでは実質賃金が着実に増えていきます。一方で、長期雇用制の枠外にいる人は、近年こそ労働需給の逼迫《ひっぱく》もあって、高めの賃金上昇とはなっていますが、もともとの賃金水準が低く、さらに賃金カーブもフラットに近いため、同世代の正社員と比べると、格差は開くばかりです。

２０２４年10月27日の衆議院議員総選挙では、これまでと異なり極端な主張を行う政党の躍進が目立ちました。欧米で言うところのラディカルレフトやラディカルライトの台頭です。過去四半世紀、実質賃金が全く上がらず、とりわけ長期雇用制の枠外にいる人々が大きなダメージを受けているからだと思われます。２０２２年以降の円安インフレがとどめを刺したのだと考えられますが、大企業経営者も政策当局者も、実質ゼロベアが続いていることの政治経済的なコストをあまりに軽視しているのではないでしょうか。

ただ、２０１０年代後半以降、深刻な人手不足社会が到来し、実質賃金は既に増加トレンドに転じているのではないか、といった反論もあるでしょう。

本章では、人口動態の影響も含め、中長期的な観点から、日本の賃金と物価について、一体、何が起こっているのかを考えたいと思います。

図4－1　実質所定内給与：一般労働者（3カ月移動平均前年比、％）

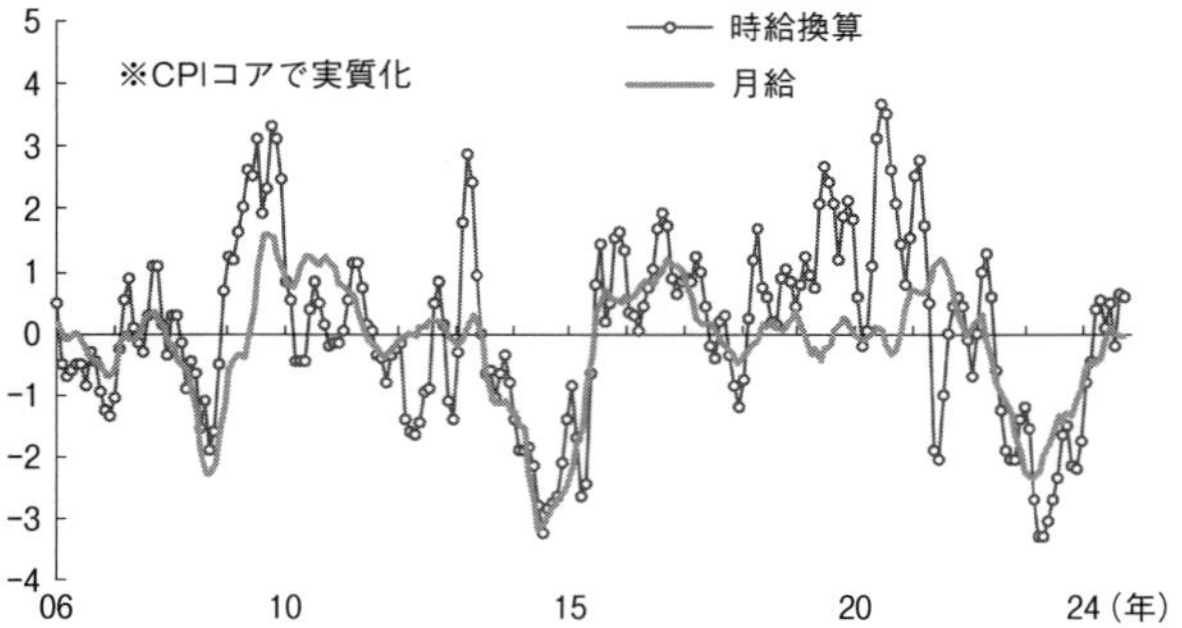

（出所）厚生労働省、総務省資料より、BNPパリバ証券作成

まず、実質賃金が既に増加トレンドに転じているのではないかという指摘については、**図4－1**と第1章で掲載した**図1－1**を合わせてみると、答えが得られるのではないかと思います。概ね四半世紀横ばいだった時間当たり実質賃金が、2021〜2023年の高いインフレによって目減りしているため、1998年時点と比べると、明らかに低い水準にあります。

過去四半世紀において、時間当たり実質賃金はむしろ低下しているのが実態であって、長期雇用制の枠外にいて苦境に陥っている人々は、欧米のように「政治から忘れられた人々」として、アンチ・エスタブリッシュメント層を形成しつつある恐れがあります。

ただ、細かい動きを見ると、コロナ禍以前において、２０１４年と２０１９年の消費増税によって実質賃金は目減りしたものの、２０１０年代後半以降、人手不足社会への移行を反映し、実質賃金は上がり始めていました。

†高齢者の労働参加率の高まりのもう一つの背景

順を追って、もう少し詳しく見ていきたいと思います。まず、２０１０年代後半以降の労働需給の逼迫についてフォーカスしましょう。もともと２０１２〜２０１４年には１９４７〜１９４９年生まれの団塊世代が65歳に到達するため、労働力不足時代が訪れると考えられていましたが、そこで、当初、想定されていなかった事態が起こり、超・人手不足時代の到来が10年程度ずれ込みました。

それは、徐々に人手不足を意識し始めた企業が、法改正も相俟《あいま》って、65歳に達した団塊世代の労働者を、そのまま延長して雇い続けたことです。既にこの段階で、多くの企業は、50歳代後半の役職定年制を採用していて、60歳に達した段階で一旦は定年としますが、多くは嘱託契約に切り替えて雇われていました。

こうした社内制度は既に多くの企業で整っていたため、団塊世代が65歳になっても、そのまま嘱託契約の更新が続けられたのです。それが、２０１０年代に入っても、高齢者の労働参加率が上昇を続けた理由でした。2010年代前半に訪れると思われていた労働需給の逼迫を緩和させる要因の一つとなったわけです。

この話は、拙著『グローバルインフレーションの深層』でも詳しく論じているので、このくらいにしておきます。ただ、当時、執筆段階で筆者が十分に気付いていなかった高齢者の継続雇用を促すもう一つの要因がありました。それは、2015年に起こった過労死問題をきっかけに、長時間労働の是正が社会的に大きな課題となって、安倍晋三政権の「働き方改革」の一環として、残業規制が導入され始めたことです。

日本では、景気拡大局面において、正社員が残業で対応するという慣行があり、時に過労死問題に至る長時間労働は、日本の長期雇用制の宿痾《しゅくあ》の一つと長く考えられてきました。振り返ると大企業でもブラック企業は少なくありませんでした。

残業規制が法律として施行されるのは、これよりもう少し後の2019年4月であり、雇用の多数を占める中小企業に適用されるのは、さらに後の2020年4月です。ただ、長時間労働が常態であるブラック企業と受け止められれば、少子化が進む中で、優秀な新卒を採用するのは難しくなります。それゆえ、多くの大企業では、過労死問題が起こった直後の2015年以降、いち早く自主的に残業規制を行うところが増えました。

図4－2　女性と高齢者の労働参加率（季節調整値、％）

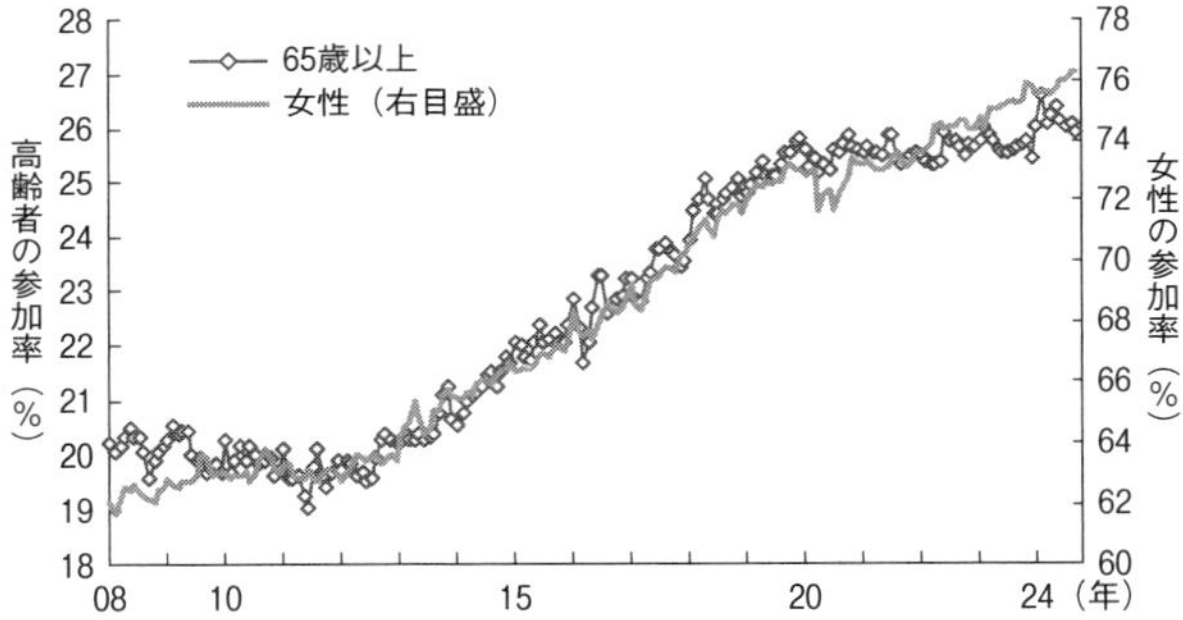

（出所）総務省資料より、BNP パリバ証券作成

この影響がもたらす現場の人手不足を避けるために、大企業が活用したのが年配社員だったのです。65歳となって、引退するはずだった団塊世代をはじめとする年齢の高い社員の継続雇用が続きました。**図4-2**にあるように、2010年代末頃まで65歳以上の労働参加率は上昇が続き、高齢者の就業者数が著しく増加することになりました。

†女性の労働力率の上昇は技術革新も影響

これらは、1985年の男女雇用機会均等法以前に就業を始めた人たちの話であって、嘱託契約の延長で就業が増えたのは、主に男性高齢者の話ということになります。ただ、少子化の影響で、もともと毎年の新卒は絶対数が減少し、一方で退職年齢に到達する人が増加することによって、2010年代に入る頃から、日本は、人余り社会から、徐々に人手不足社会に転換しつつありました。

それゆえ、企業は、高齢者の継続雇用だけでなく、それまで採用の対象にしてこなかった、未経験で、短時間しか働けない主婦などについても、幅広い分野で採用を始めました。短時間しか働けなくても企業が採用するようになったのは、スマホのマッチングアプリなど、技術革新の影響も大きいと思われます。まとまった時間がなく、細切れの時間でも、無駄なく就労が可能となったお陰で、2010年代は、女性の労働参加率も著しく上昇し、今も上昇傾向が続いています。

このようにして、企業は高齢者と女性という安い賃金で採用可能な労働力のプールを2010年代に見出したのでした。今回は触れませんが、もう一つの安価で大きな労働力のプールが外国人労働であり、こちらも2010年代以降、急増しています。

†異次元緩和の成功?

今でこそ、2010年代に高齢者や女性を中心とする安価な大量の労働力を新たに掘り起こしたことについて、政策当局者は、異次元緩和、あるいは、アベ政策（アベノミクス）の大きな成果だと誇っています。「安価」というのはとても気にかかるところですが、筆者自身も、人口動態の影響がかなり大きかったとはいえ、高齢者や女性の就業機会が大きく広がったことは、一国全体にとっては、大きな成果だと考えています。「一億総活躍社会」といったスローガンも、多分に社会の変化を後追いした感はありますが、とりあえずは、アベ政策の成果の一つと言えるのでしょう。

しかし、黒田《くろだ》東彦《はるひこ》総裁の下、2013年4月に異次元緩和を開始した日本銀行にとって、安価な労働力の大量出現は、当時、2%インフレ目標を目指す上で、大きな誤算だったということも、公平に付け加えておく必要があると思われます。というのも、当時の日銀首脳からすれば、労働力不足社会に突入するのなら、2%インフレ達成の短期決戦において、勝算が全くないとは考えていなかったはずだからです。

2012年12月の衆議院議員総選挙で、安倍晋三総裁率いる自民党の政権復帰への期待と、それに伴う日本銀行の政策転換への思惑から、当時、円安が大きく進みました。その前の2012年夏には、欧州債務危機の終息によって、グローバル金融市場では、リスクオフモードが大きく後退し、超円高の修正が既に始まっていました。こうした円安進展がインフレを押し上げるといった話以外にも、超・人手不足社会への移行が大きな追い風になると考えられていたわけです。

つまり、団塊世代が2012〜2014年に65歳に達すれば、その退職によって、日本国中で深刻な労働力の不足が始まり、賃金上昇が進むため、異次元緩和による高圧経済戦略を取れば、2%インフレの早期達成につながると、日銀幹部はもくろんでいたはずです。高圧経済（High Pressure Economy）とは、経済学者アーサー・オークンが1960年代に唱えた理論で、経済を強い需要にさらすことで資源の活用を促進し失業率を低下させる経済政策です。日本銀行はこれを、インフレを高めるために採用したのです。

勝手な想像ですが、金融緩和による円安だけでは無理でも、人手不足社会に突入するから、2%インフレの到達は思いのほか早く訪れるはずですと、就任直後の黒田総裁に日銀幹部が耳打ちする姿が筆者の目に浮かびます。

しかし、結局、それが強く現れ始めるのは、10年後の2023年春以降であり、10年もの先送りとなったのは、ここまでお話ししたように、労働市場に大きな構造変化が生じ、高齢者と女性（や外国人）という安価な労働力のプールが新たに出現したためでした。筆者は、2010年代半ば当時、日本銀行は高圧経済で風船を膨らませているつもりが、穴が開いて空気が抜け出している状態ではないかと、批判的に捉えていました。

†ルイスの第二の転換点?

労働需要が増えても、安価な労働力が新たに出現するのなら、実質賃金の上昇にはつながりません。労働供給の弾力的な増大が実質賃金の上昇を長く抑えた18世紀後半から19世紀後半の経済史的な経済現象に倣って、それを「ルイスの第二の転換点」と呼ぶ経済学者もいます(例えば小峰隆夫《こみねたかお》)。正確に言うと、新たに労働力のプールに加わった高齢者や女性などの安価な労働力がすべて吸収され、需給逼迫から実質賃金の上昇が始まる臨界点のことを「ルイスの第二の転換点」と呼ぶのです。

若干補足すると、18世紀後半に産業革命が起こった際、農村の余剰労働が、都市部の商工業部門で十分吸収され尽くすまでは、労働需要が強くても、安価な労働力の供給が弾力的に増え、19世紀半ばまで実質賃金の上昇圧力は吸収されていました。農村の余剰労働力がすべて吸収され実質賃金が上昇し始めた臨界点を、発見者である開発経済学者のアーサー・ルイスにちなんで、経済学では「ルイスの転換点」と呼んできました。ルイスは1979年に、ノーベル経済学賞に選ばれています。ただし、筆者自身は、19世紀半ばまで実質賃金が上がらなかったのは、第7章で詳しく論じますが、当時の社会制度が収奪的だったことも大きく影響していると考えています。

日本経済においては、農村部を含め大きな人口の「塊《かたまり》」であった団塊世代が、中学や高校、大学などでの学業を終えて、大都市圏の商工業部門で吸収され尽くした1970年頃に、「ルイスの転換点」を迎えたと長く考えられてきました。そこから50年以上が経過した現在、再び社会構造の大きな変化で新たに生まれた安価な労働力のプールが吸収されることを、ルイスの「第二の」転換点と呼んでいるわけです。

ただ、そうした臨界点に到達しても、今度は外国人労働の流入が実質賃金の上昇圧力を抑える心配はないでしょうか。結局、日本銀行が採用した高圧経済戦略は、通貨安によるインフレをもたらし、家計を貧しくするだけ、という心配もあります。

このように高齢者と女性という安価な労働供給の新たな出現は、2%インフレ目標の早期達成を阻《はば》んだ大きな要因になったのですが、いつの間にか、2%インフレ目標の達成は、安倍政権の下、政治的にはすっかり忘れ去られ、就業者の大幅な増加が異次元緩和の成功の証左と読み替えられるようになったのです。ご都合主義とも言えますが、そうした読み替えの能力と言いますか、フレーミングの能力もまた、為政者にとって、政権運営上、重要な能力と言えます。フレーミングとは、同じ情報でも、提示の仕方や枠組みによって、人々の受け止めが変わる現象を指します。

黒田前日銀総裁も、２０２３年3月の退任間際の記者会見で、異次元緩和の成功の証として、日本経済をデフレではない状況にしたことと、就業者数の大幅な増加の二点を挙げていました。

筆者自身は、異次元緩和が採用されなくとも、それ以前の白川方明《しらかわまさあき》総裁時代に採用されていた包括金融緩和の下でも、就業者数の大幅増加は実現していたと考えています。いや、安価な労働力の出現が異次元緩和による高圧経済戦略に躓《つまず》きをもたらしていたにもかかわらず、それを漫然と10年も続けたために、異次元緩和の最終局面で、超円安を招き、むしろ実質賃金が損なわれるという本末転倒の事態に陥ったのではないでしょうか。

†労働供給の頭打ち傾向と賃金上昇

その後、コロナ禍が訪れた２０２０年初頭には、高齢者の労働参加率は頭打ち傾向が見られるようになりました。女性の労働力率は現在も上昇傾向が続いていますが、２０１０年代末以降に増えているのは、短時間の労働力ばかりです。一人のフルタイム労働者が退職した場合、それを補うために、２～３人の短時間労働者で穴埋めすることも日常茶飯事

図4－3　一人当たり労働時間と労働投入量（＝労働時間×就業者数）

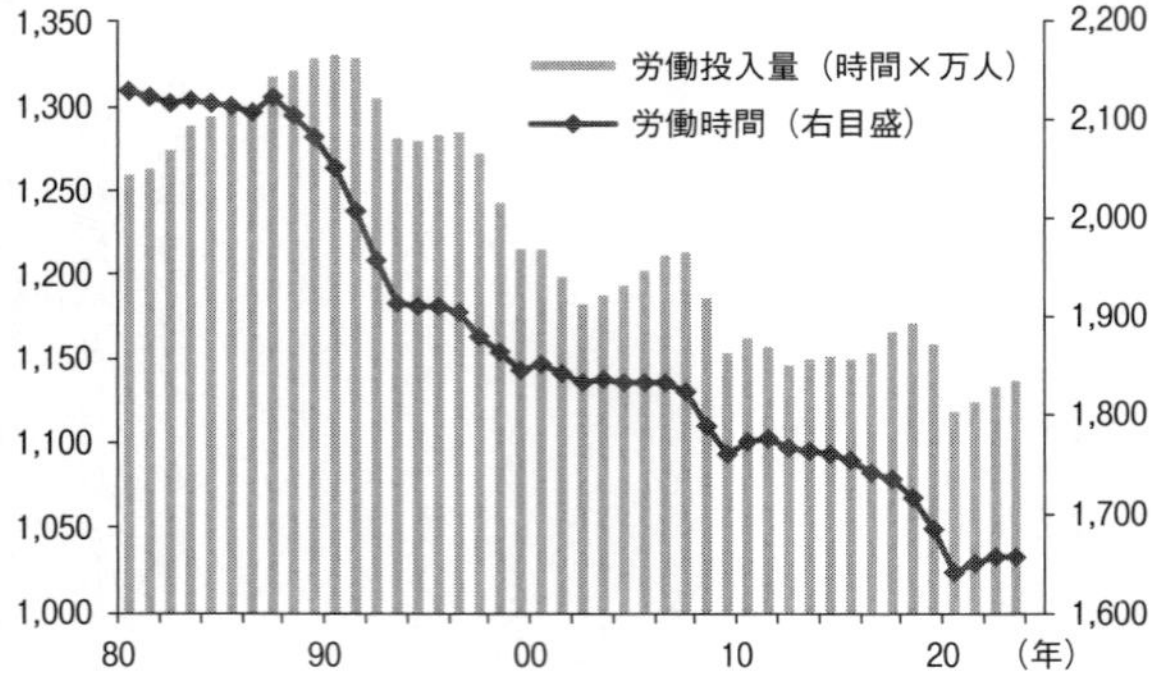

（出所）内閣府、総務省、厚生労働省資料より、BNPパリバ証券作成

となっています。

実際、**図4-3**を見ると、一人当たりの労働時間は減少トレンドが続いていて、一人当たりの労働時間と就業者数を掛け合わせた総労働時間（労働投入量）を見ると、２０１０年代は人員をかき集めることで、何とか総労働時間を維持するのがやっとであったことが明らかです。安価な外国人の労働力が現在も流入を続けてはいますが、国内の労働供給だけに限って言えば、ルイスの第二の転換点が近づいている、といった見方ができるかもしれません。

それらのことは、**図4-4**が示す通り、雇用者数と一人当たりの賃金（現金給与総額）を掛け合わせた雇用者報酬の寄与度分解からも、確認することができます。２０１０年代半ばまでは、名目

図4－4　名目雇用者報酬（前年比、％）

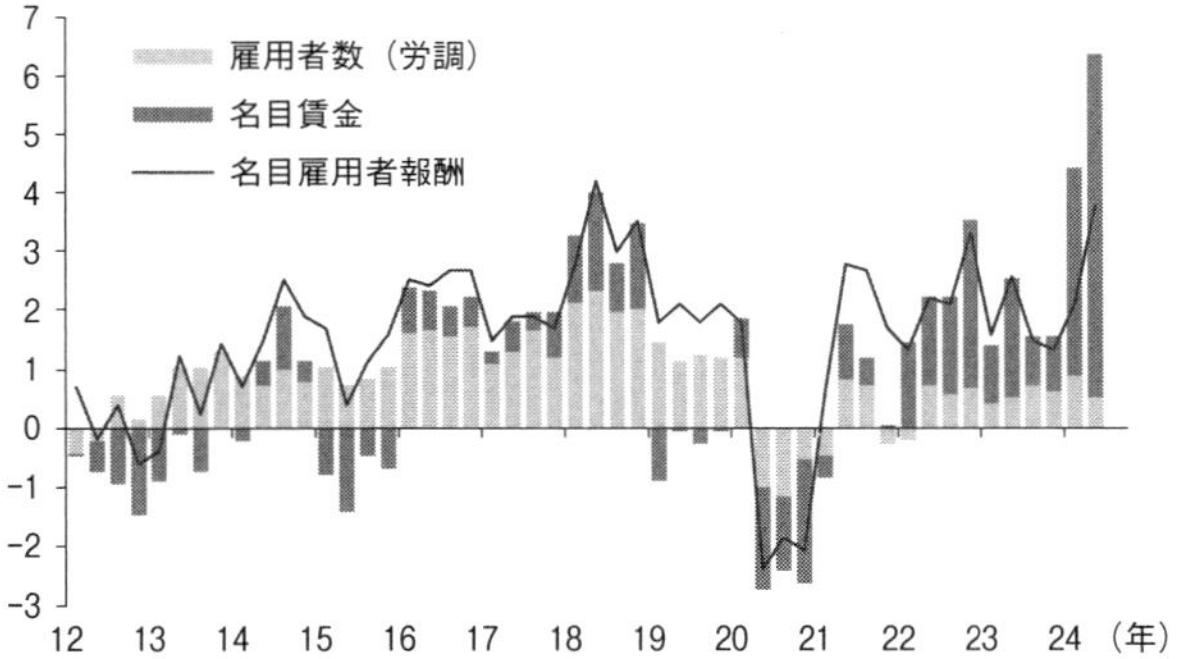

（出所）内閣府、厚生労働省、総務省資料より、BNPパリバ証券作成

雇用者報酬の増加は、主に雇用者数が増加することによってもたらされていました。それが、２０１０年代後半には、雇用者数を増やすことが徐々に困難になり、冒頭で述べたように、労働需給の逼迫によって、一人当たりの名目賃金が増え始めることで、もたらされるようになっています。

ユニットレーバーコストの上昇

こうした賃金上昇が２０１０年代後半以降の小幅ではあるもののプラスのインフレ定着の要因になったと思われますが、その点を別の観点からも確認しておきたいと思います。労働供給が不足し始め、それを補うために増えたのが主婦などの短時間労働者であったため、この点に関して言えば、必ずしも労働生産性は改善せず、実質ＧＤＰ（付加価値）を一単位生み出すための労働コスト（ユニットレーバーコスト）がさらに増大し、以下述べるように、それが２０１０年代後半以降の小幅ながらもプラスのインフレ定着に影響したと見られます。

もう少し詳しく説明しましょう。国内要因だけを考えた場合、ＧＤＰ統計における物価変動を示すＧＤＰデフレーター（名目ＧＤＰ÷実質ＧＤＰ）は、消費税や補助金などの影響を除くと、ユニットレーバーコスト（名目雇用者報酬÷実質ＧＤＰ）と、ユニットプロフィット（企業利益÷実質ＧＤＰ）の二つの要因に分解できます。

ユニットプロフィットについては第３節で取り上げますが、名目雇用者報酬は「名目賃金×雇用者数」だから、ユニットレーバーコストは、「名目賃金×雇用者数÷実質ＧＤＰ」であり、さらに「労働生産性＝実質ＧＤＰ÷雇用者数」だから、「ユニットレーバーコスト＝名目賃金÷労働生産性」と読み換えることができます。つまりユニットレーバーコストは、名目賃金が上がれば上昇し、労働生産性が上がれば低下します。

これまで見てきたように、日本では、過去四半世紀の景気拡大局面において、（名目）賃金の増加は限られ、労働生産性は改善傾向が続いてきたため、ユニットレーバーコストは低下傾向にありました。また、不況期においても、経営者は雇用リストラの回避を主眼としてきたので、その際、労働生産性は多少悪化するものの、正社員の人件費はさほど減らないため、どちらかというとユニットレーバーコストを押し上げる要因になっていました。

言い換えると、ユニットレーバーコストは、景気拡大局面では物価上昇を抑え、景気後退局面では、逆に物価下落を抑える要因となっていたのです。

しかし、2010年代後半以降、人手不足社会に移行し、賃金に上昇圧力がかかり始めるとともに、経験が浅く生産性が必ずしも高いとは言えない労働力が増えることによって、生産性に悪影響が及び、賃金上昇以上に、ユニットレーバーコストが上昇し始めたのだと思われます。2010年代後半以降、物価が下げ止まり、小幅ながらもプラスの領域で定着するようになったのは、賃金上昇だけでなく、労働生産性の足踏みも影響している可能性があります。

この議論は、とても微妙な問題を孕《はら》みます。私たちは、GDPデフレーターがある程度上昇することが望ましいと考え、一方で、それが阻害されてきたのは、ユニットレーバーコストが抑えられてきたためでした。人手不足社会の到来で、どうやらユニットレーバーコストは上がり始めたわけですが、賃金上昇だけでなく、生産性の足踏みも影響しているのだとすれば、それは必ずしも望ましいとは言えません。

いずれにせよ、ユニットレーバーコストが上がらなかった最大の問題点は、過去四半世紀において、生産性が上がっても、賃金が上がらなかったことであるのは明白です。今後、労働時間の短い労働者の経験値が高まってくれば、生産性の改善が期待されますが、その際も、生産性の改善に併せて賃金が上がらなければ、ユニットレーバーコストもGDPデフレーターも上昇しません。今も政治家は、デフレの完全脱却を政策目標に掲げています。生産性が上がっても、賃金を上げなかったから物価が上がらなかったことを十分に認識する必要があります。

また、増大した高齢者の労働力についても、これまで蓄積された人的資本がうまく活用できているのなら、生産性は維持されますが、長期雇用制の下で、定年退職し、嘱託契約に切り替わった年配の労働力を必ずしも上手く活用していません。そのことも、望ましくない形でのユニットレーバーコストの押上げ要因となっている可能性があります。

2　もう一つの誤算は残業規制のインパクト

†コストプッシュインフレがなぜ長引くのか

前節では、想定外に高齢者や女性など安価な大量の労働力が2010年代に新たに出現したことが、黒田体制が2％インフレ目標の早期達成を目指す上で、大きな誤算だったことをお話ししました。2023年3月に植田《うえだ》和男《かずお》が日銀総裁に就任した際も、労働市場の変化がもたらす物価や賃金への影響を日銀は再び見誤ったのではないかと、筆者は考えています。それが第二の誤算です。

就任当初、植田和男総裁は、当時の高いインフレについて、黒田東彦前総裁と同様、コストプッシュインフレが主因であるから、一時的であると繰り返していました。確かに一般論で言えば、円安や資源高がもたらすインフレは、多くの場合、1年ほどで終息するはずです。だから、欧米が利上げを続け、円安が続く中でも、粘り強い金融緩和の継続が必要だと繰り返したのでした。

しかし、高めのインフレは、現在も続いています。日本経済の労働供給の天井が低くなり、需給ギャップがタイト化しているところに、円安インフレが訪れたから、輸入インフレがホームメイド化したというのが筆者の2023年半ばからの仮説でしたが、現在も日本銀行は、需給ギャップが概ねゼロ近傍にあるとしています。需給ギャップとは、一国経済全体の需要と供給能力の差のことです。

需給ギャップがゼロという日銀の試算は、現在の日本経済の稼働ペースが、景気循環の平均的なレベルにあることを意味しますが、それは、2023年春から深刻になった日本国中の人手不足と果たして整合的でしょうか。

当時、植田総裁は、輸入インフレなどコストプッシュインフレが引き起こす物価上昇圧力を「第一の力」、それらを除いた基調的な物価上昇圧力を「第二の力」と呼んで、前者が減衰する一方で、後者が徐々に高まっていると説明していました。

需給ギャップがタイト化しているから、「第一の力」が減衰しても、それが「第二の力」に置き換わっているのだ、と説明するのであれば、非常に分かりやすい話と言えます。

しかし、日銀の試算する需給ギャップは、植田総裁の就任当時もそうですが、今もゼロ

図4－5　需給ギャップ（季節調整値、％）

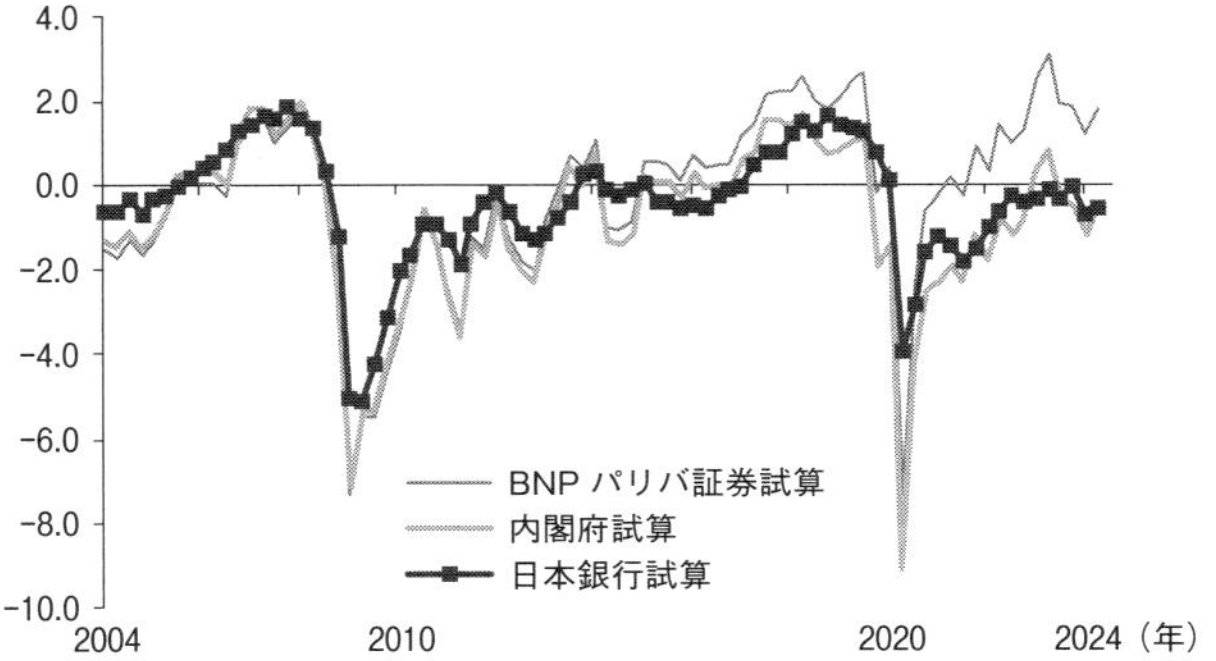

（出所）日本銀行、内閣府、経済産業省、総務省等資料より、BNP パリバ証券作成

近傍のまま、ほとんど変わっていません。「第一の力」から「第二の力」へのバトンタッチのメカニズムがうまく説明できていないのです。コストプッシュインフレが主因であったため、それが長引けば、インフレ期待が上昇すると説明することは不可能ではないですが、そう説明すると、コストプッシュインフレは一時的という当初の主張と齟齬《そご》を来すため、曖昧にしているのでしょうか。そう言えば、いつの間にか植田総裁は、「第一の力」とか「第二の力」といった言葉を使わなくなりました。

この辺りは、拙著『グローバルインフレーションの深層』でも詳しく論じた点ですが、筆者は2023年半ばから、日銀と内閣府は需給ギャップのタイト化を相当に過小推計しているのではないかと考えてきました。**図4-5**にある通り、筆者の試算では、既に2023年春の段階で、日本の需給ギャップは前回の景気サイクルのピークである2018年末の水準までタイト化しています。さらに、その後、筆者は、日銀がもう一点、重要な論点を見逃しているのではないかと、考えるようになりました。それは、前節でも触れた残業規制のインパクトです。

他国に大きく後れ、日本でコロナ禍が終焉したのは2023年春でしたが、その途端に国中で人手不足が広がりました。コロナ禍が訪れた直後から、高齢者の労働参加率は頭打ちになり、前節で論じたように、女性の労働参加率も上昇は続いていますが、短時間の労働力が増えるばかりで、経済全体で見た総労働時間はあまり増えなくなっています。いや、よく見ると、コロナ後に水準が切り下がったままです。「ルイスの第二の転換点」に近づきつつあるとも見られますが、それだけでなく、経済再開のタイミングで、残業規制の影響が中小企業に広がったことも影響しているのではないでしょうか。

†働き方改革の影響が現れたのは2023年春

前述した通り、残業時間への法規制が施行されたのは2019年4月でしたが、雇用の圧倒的多数を占める中小企業に適用されたのは2020年4月でした。2020年4月と言えば、コロナ禍で総需要は極めて低い水準に抑えられていました。残業をする必要のある人はいませんから、残業規制は労働時間にはほとんど影響せず、実体経済への影響もほとんど存在しませんでした。

その3年後の2023年春にコロナ禍が終焉、経済が再開すると、総需要は一気に2019年の水準まで回復しました。それ以降、需要が増えても、残業規制の影響で、労働力がボトルネックとなり、付加価値（実質GDP）を増やすことが難しくなっているのではないでしょうか。つまり、2023年春のタイミングで、残業規制のマクロ経済への影響が一気に現れたというのが筆者の仮説です。

多くの人は、適用が最後まで猶予された建設業や運輸業で残業規制が始まった2024年4月に深刻な影響が現れることばかりに注目していました。確かに2024年4月にも無視し得ない影響が現れた模様ですが、コロナ禍が終息した2023年春に、より強い影響が現れていたのではないでしょうか。

日本銀行は、「第一の誤算」で後ズレした高齢者の労働市場からの退出がようやく始まり、労働需給の逼迫が訪れたと判断していたのでしょう。しかし、それだけでなく、労働需給の逼迫には、残業規制という別の要因も大きく影響していたのです。これが日本銀行の「第二の誤算」です。「第一の誤算」の解消が残業規制の影響を見えづらくし、「第二の誤算」を招いたのです。

日本では、景気拡大局面において、正社員が残業することで、業務拡大に対応してきました。そうした柔軟な労働供給の調整が日本経済の隠れた強みでもありました。しかし、リベンジ消費やインバウンド消費で需要が急回復する中、残業時間を増やすことができず、サービスの追加的な供給ができなくなったために、企業は価格引き上げで対応するしかありませんでした。

これが、短期で終わるはずの円安インフレがホームメイド化し、長期化している真の要因だと思われます。もちろん、総需要が急激に膨らみ、経済が過熱したわけではなく、主たる物価高の要因は、労働供給の天井が低くなったことですから、2021〜2023年の米国のように二桁近い高インフレが生じたわけではありません。また、米欧とは異なり、もともと日本のインフレ期待はゼロ近傍でした。このため、景気過熱で物価が上昇したというより、供給制約による価格上昇で、むしろ個人消費が抑えられたというのが実態です。

再び、第2章の**図2-1**を見ると、2023年春以降、名目ベースで個人消費は大きく膨らみ、一方で、実質個人消費は拡大しなかったどころか、わずかながら減少していることが分かります。筆者の仮説通り、供給を上回る需要は、ほとんどが価格上昇圧力となって、付加価値の増加にはつながらなかった、ということではないでしょうか。

とりわけ飲食業や宿泊業など、労働集約的な部門では、稼働率を上げようにも、人手不足がボトルネックとなって上げられず、インバウンド消費など、強い需要に直面した企業は文字通り、価格引き上げで対応したのだと思われます。言い換えれば、供給制約に直面する中、超円安によって刺激されたインバウンド消費が、個人消費をクラウドアウトしたのです。クラウドアウトしたというのは、「押し退けた」ということです。第2章でお話しした通り、やはりインバウンドブームの到来を素直に喜んではいけないのです。

†需給ギャップタイト化の過小評価は2010年代半ばから

実は、日本銀行が需給ギャップのタイト化を過小評価しているのは、今に始まったことではないと思われます。それは、2010年代後半からではないか、というのが筆者の仮説です。日本銀行は、雇用や生産・営業設備の過不足を示すデータを基に、「短観加重平均DI」というデータを公表し、需給ギャップの代理変数として利用してきました。

図4－6　日銀需給ギャップと短観加重平均DI

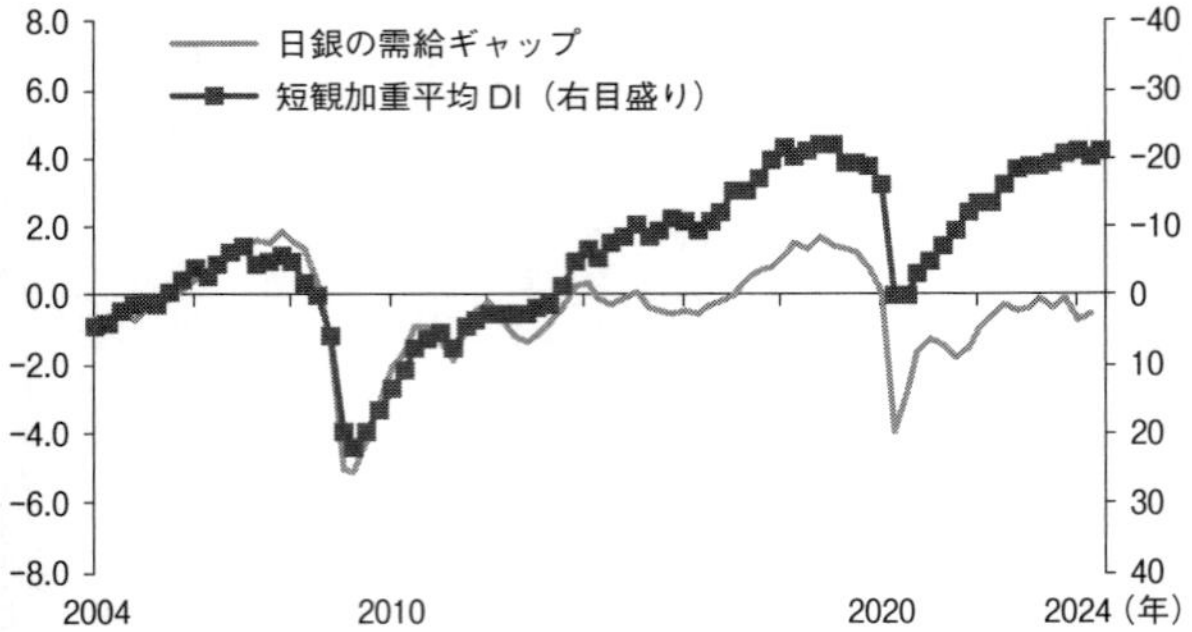

（出所）日本銀行資料より、BNPパリバ証券作成

代理変数は、他のものを測定することによって、直接測定できないものを測定するために用いられるものです。GDPギャップの推計には統計上、大きな不確実性を伴うので、「短観加重平均DI」という、言わば「企業が実感する需給ギャップ」を代理変数として利用してきたのです。

足元では、**図4‐6**が示す通り、「短観加重平均DI」は需給の強いタイト化を示唆する一方で、これまでお話ししたように、日銀自身が推計する需給ギャップは未だにゼロ近傍で、さほどタイト化していません。かつて需給ギャップと「短観加重平均DI」はパラレルに推移していたのですが、乖離《かいり》が目立ち始めたのは、2010年代半ばからです。

既にお気づきになられた読者もいらっしゃるで

しょう。2010年代半ばと言えば、過労死事件後、大企業が自主的に残業時間の規制を開始したタイミングでした。日本銀行は、景気拡大局面で正社員が残業時間の拡大で対応するということが難しくなっているという構造変化を十分に織り込んでいないのではないでしょうか。日本企業は、稼働率をまだ上げられると日本銀行は考えているのかもしれませんが、労働力がボトルネックとなって、それが難しくなっているのです。真の需給ギャップは、やはり相当にタイト化していると思われます。

実は、2010年代後半以降、「短観加重平均DIと需給ギャップの乖離」の原因について、ある日銀首脳とお会いするたびに、思い当たる原因はないか、筆者は相談を受けていました。ずっと考えていたのですが、2023年春の労働需給逼迫後に、その答えに辿り着いたというわけです。まだ最終的な答えとは言えませんが、仮説に達するまでに、実に5年近くも費やしてしまいました。

†古典的な「完全雇用状態」ではない

幸か不幸か、需給ギャップのタイト化を過小評価し、日銀がなお高圧経済戦略を続けても、賃金とインフレのスパイラルをもたらすような古典的な「完全雇用状態」の到来は今のところは避けられています。それは、これまでも論じたように、労働需給の逼迫をもたらしている主たる要因が、労働供給の減少であって、労働需要の急増ではないためです。また、高齢者や女性の安価な労働力が枯渇しつつあり、「ルイスの第二の転換点」が近づきつつあるといっても、限界的には、外国人労働という安価な労働力が新たに積極的に活用され始めているということもあります。

何より、過去四半世紀、時間当たり実質賃金が低く抑え込まれたままで、個人消費が過熱するというのも想像できません。だとすれば、極めて低い実質金利を継続し、高圧経済戦略を追求すべきなのでしょうか。いや、古典的な完全雇用状態が避けられているとはいっても、緩和的な金融環境が超円安を招き、輸入物価上昇が家計の実質購買力を棄損するという所得分配面での弊害が2022年以降、顕在化し始めています。

本章の冒頭で論じた通り、こうしたマクロ経済環境の下で、長期雇用制の枠外にいる人々がとりわけ苦境に陥っているから、日本版の「忘れられた人々」がアンチ・エスタブリッシュメント層を形成し、極端な言説の政治勢力を支持し始めているのではないかと心配されます。

労働集約的な非製造業は、人手不足によって稼働率を引き上げることができないとしても、資本集約的な製造業は稼働率を容易に引き上げられるので、現状の稼働率の水準から判断すると、経済の供給能力の天井はまだ高いところにあり、生産余力は十分にある、という反論も聞かれます。

ただ、その点についても筆者は懐疑的です。これほどの円安水準が続いているにもかかわらず、製造業が国内生産を増やし稼働率を高めようとしないのは、需要不足だけが原因ではないと思われます。そもそも製造業は、この先、輸出数量が大きく拡大するという見通しを持っているのでしょうか。筆者自身は、多くの製造業が国内の稼働率を高めることを想定しておらず、むしろ生産設備を徐々に除却し、生産能力を削減するこれまでの動きは簡単には変わらないのではないかと考えています。

3　消費者余剰の消滅とアンチ・エスタブリッシュメント政党の台頭

†ユニットプロフィットの改善

さて、物価高をめぐる議論において、今回、もう一つ大きな構造変化の兆しがあります。それは、ユニットプロフィットの動きです。GDPデフレーターを規定する国内の大きな要因は、ユニットレーバーコストとユニットプロフィットであり、前者については、2010年代後半以降、従来と異なる動きが観測され始めていることは第1節で既に論じました。GDPデフレーターを規定するもう一つの要因であるユニットプロフィットについても、その要因はまだ仮説に留まるのですが、変化の兆しが見られます。

ユニットプロフィットは「企業利益÷実質GDP」で計算される実質GDP一単位当たりの利益であり、これが高ければ企業の価格支配力が高いことを意味します。

図4-7にあるように、2020年以前までユニットプロフィットは、次のような理由

から、大きな変化は見られず、低下トレンドを辿っていました。グローバル経済が拡大すると、輸出が増え、企業の利益を押し上げる要因となる一方で、グローバル経済の拡大は資源高をもたらし、交易条件が悪化するため、それが企業の利益を押し下げる要因になります。この結果、両者は互いに相殺され、長くユニットプロフィットが大きく改善することはありませんでした。

グローバル経済が悪化する場合は、そのまま逆のメカニズムが働きます。すなわち、輸出の減少が企業の利益を押し下げる要因にはなりますが、同時に、資源価格が下落することで、それが企業の利益をサポートする要因となり、両者は相殺されます。これらの結果、ユニットプロフィットは交易条件には左右されるものの、大きくは変動せず、低下トレンドを辿っていました。

しかし、今回のグローバルインフレ以降、従来とは異なる動きが日本企業の価格設定行動に観測され始めています。**図4-8**を見ると、従来、ユニットプロフィットは交易条件に大きく左右されてきたのが分かりますが、状況が変わり、2022年のウクライナ戦争開始後の資源高の際、企業は、価格転嫁を比較的スムーズに進めました。交易条件が悪化しても、ユニットプロフィットは従来のようには悪化しなかったのです。

図 4-7　ユニットプロフィットとユニットレーバーコスト（1980年 1～3 月＝100）

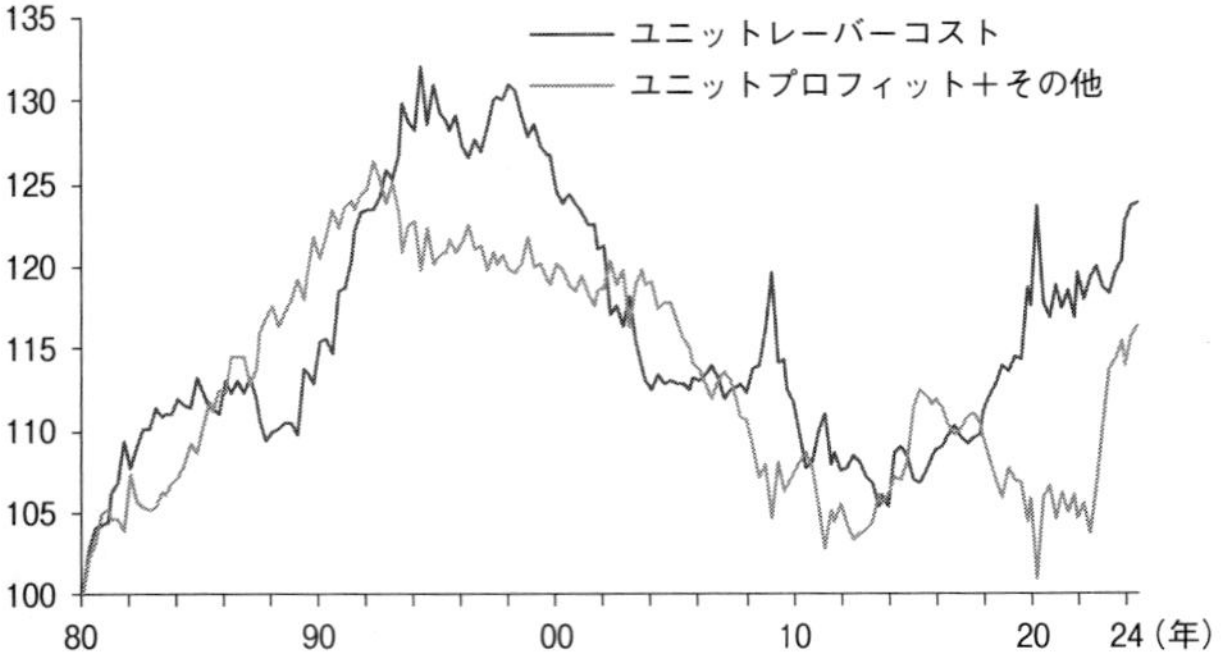

（出所）内閣府資料より、BNP パリバ証券作成

図 4-8　ユニットプロフィットと交易利得

（出所）内閣府資料より、BNP パリバ証券作成

†グリードフレーションか？

その後、資源高は落ち着きました。２０２３年、２０２４年前半になると、人件費を含めコストが増大していますが、それ以上に、価格を引き上げ、ユニットプロフィットの改善傾向がなお続いているのです。コストの増加以上の値上げであれば、それは便乗値上げということであり、拙著『グローバルインフレーションの深層』でも詳しく解説した通り、欧米で疑われた「グリードフレーション」の可能性もある、ということになります。グリードとは強欲という意味で、「強欲インフレ」ということです。

日本では、かつて価格を引き上げることは、消費者に迷惑をかける「悪いこと」だと広く考えられてきました。グリードフレーションとは、真逆の価格設定行動がとられていたわけです。近年、物価高になっても、政府が「デフレ脱却」を連呼し、価格の引き上げをむしろ称賛しているため、価格引き上げを悪ではなく善と捉え、スムーズな価格転嫁が進んでいるということでしょうか。

あるいは、これまでは、価格を引き上げても、他の企業が同じ行動を取らなければ、価格を引き上げる自社だけが売上を減らし、再び値下げを余儀なくされることを恐れ、結局、誰も値上げできない、という言わば「囚人《しゅうじん》のジレンマ」的な状況に陥っていました。今回は、他社も同調して価格を引き上げると予想し、囚人のジレンマが回避されるのだと、多くの企業が確信を強めているのでしょうか。こうした動きが広がっているとするなら、それは、強固だったゼロインフレ予想がすっかり打破されている、ということになるのでしょう。日本銀行が目標とする2％インフレ期待が定着したかどうかはともかくとして、プラスのインフレ期待が定着したのは間違いなさそうです。

さらに、今後も労働力の不足が見込まれるため、人材確保には、2025年春闘でも賃上げを継続しなければならず、その原資を確保するために、値上げが必要という企業の声も聞かれます。結局、米国で観測されたのは、コスト以上の価格転嫁と表面的には見られるケースであっても、実際には、将来のコスト増を見越した価格引き上げであって、グリードフレーションとは異なるものでした。「ルイスの第二の転換点」が近づく中、日本で起こり始めているのは、賃上げのための価格引き上げであり、賃金と物価のスパイラルが始まっているということなのでしょうか。

ちなみに、なぜか政府と日銀は、「賃金と物価の好循環」と言います。世界的には、賃金とインフレのスパイラルと呼ばれ、欧米の中央銀行は、過去も現在も否定的に捉えています。日本の政策当局者がポジティブに捉えるのは、これまでインフレ期待が極めて低く、それを引き上げることが日本銀行の役割と考えられているからでしょうか。

第1章で見た通り、日本の最大の問題は、生産性が上昇しても、実質賃金が全く引き上げられていないことでした。そもそも、これは金融政策で解決可能な問題ではありません。賃金と物価のスパイラルの意味するところは、賃金と物価が同じだけ上がれば実質賃金は横ばいのままということであり、むしろ、過去3年のように、物価上昇に賃上げが追いつかず、実質賃金が下落する可能性もあります。

円安トレンドが続いているという認識が未だに強い中で、コストプッシュインフレの継続予想が、企業の価格設定行動に徐々にビルトインされ始めているリスクにも注意すべきではないでしょうか。そうした点からも、日本銀行が「賃金と物価の好循環」という言葉を用いるのは、筆者はとても強い違和感を持ちます。

†大きな日本の消費者余剰の行方

本章の最後に、今述べたユニットプロフィットの改善に関して、一つ気になっていることをお話ししたいと思います。それは、日本の非製造業の生産性が低い、とされることにまつわるお話です。拙著『成長の臨界』で取り上げ、読者から反響をいただいた点なのですが、実は、非製造業の生産性が低いというのは、必ずしも日本で働く人の「仕事ぶり」が悪いという話ではありません。

日本のサービスは、2022年以降の超円安が訪れる前から、多くの外国人旅行者が賞賛する通り、とても高い品質で、割安に提供されていましたが、それは消費者余剰が大きいということを意味します。グローバリゼーションの過程で、徐々に価格が引き上げられていき、いずれは、日本の高い水準の消費者余剰が維持されなくなると、筆者は予想していました。それが、コロナ終息後の経済再開とインバウンドブームを機に、労働力がボトルネックとなる中で、大幅な値上げが進行し、早くも消費者余剰が大きく低下し始めている可能性があります。

消費者余剰というのは、言わば、消費者のお買い得感のことです。消費者が2万円の価値があると考えても、それが1万円で販売されていれば、1万円の消費者余剰が発生していることになります。世界中の人々が驚嘆する日本のおもてなしは、まさに消費者余剰に他なりません。

もともとサービスセクターは、財を生産する製造業と異なり、作り置きが困難です。需要が発生したときにしか、サービスを供給できないという「同時性の問題」があるため、どこの国でも非製造業の生産性の水準は低くなりがちです。製造業の生産性が非製造業に比べて高いのは、必ずしも両者の「仕事ぶり」の差だけに還元される話ではありません。

とは言え、それを前提にしても、他の先進国に比べて日本の非製造業の生産性が低いとされるのは、働いている人の「仕事ぶりの問題」ではなく、価格付け（プライシング）の問題なのであって、それゆえに、消費者余剰は相当に高いと筆者は考えてきました。

消費者余剰に対応する言葉として、生産者余剰というものがあります。こちらは、5000円の費用を要したサービスを1万円で売れば、5000円が生産者余剰（＝企業利益）となります。経済学では、消費者余剰と生産者余剰の合計を経済厚生（社会的余剰）と呼んでいます。生産者余剰（＝企業利益）が消費者余剰と大きく異なるのは、付加価値としてGDPにカウントされ、場合によっては、生産性の分子にもカウントされることです。

一方、消費者余剰は、いくら大きくても、GDPにも生産性にもカウントされません。つまり、日本の非製造業の生産性が低いのは、現場の仕事ぶりが悪いということではなく、価格を引き上げなかった経営者の判断が大きく影響している、ということです。

ならば、値上げをして、消費者余剰が損なわれることが善なのでしょうか。判断が難しいところです。まず、消費者余剰が単に生産者余剰に振り替わるだけなら、経済厚生は変わりません。また、経済の真の目的は、経済厚生の向上であって、GDPにカウントされるかどうかは、本来、二の次です。もともと経済学もGDPがすべてではないと教えてきました。経済厚生は測定しづらいので、便宜上、代理変数として、GDPを政策目標にすることが多いだけです。

とは言え、付加価値として計算されなければ、GDPにもカウントされず、生産性にもカウントされません。そもそも、企業利益にカウントされなければ、一生懸命働いても、実質賃金にも反映されません。なんと、一生懸命働いても実質賃金に反映されてこなかっただけでなく、生産性にも反映されてこなかったということで、私たちは働きぶりが悪いのではないかと、あらぬ疑いを持たれてきたわけです。消費者余剰が生産者余剰に変わるだけなら、GDPは増えても、我々は貧しくなったと感じるはずです。

†小さくなる消費者余剰

『成長の臨界』の執筆時に、将来、どんな形で、日本の大きな消費者余剰が調整されるのか、筆者はずっと興味を持っていました。この話も、まだ仮説の段階ではありますが、値上げが進み、ユニットプロフィットが増えても、企業が賃金の引き上げを今後も渋るのなら、物価高による実質賃金の低下を通じて、家計から企業への所得移転が進むだけに終わるということでしょうか。

その際の物価上昇は紛れもないグリードフレーションということになりますが、同時に、企業業績の改善で税収も増えるでしょうから、家計から政府へのインフレタックスによる所得移転も進むことになります。残念なことですが、これが2023年、2024年に起こっていたことではないでしょうか。

✝消費者余剰の消滅とアンチ・エスタブリッシュメントの台頭

長期雇用制の枠外にいて、定期昇給の恩恵もほとんど受けることができなかった人々は、過去四半世紀の間、属人ベースで見ても、実質賃金の増加が限定的だったことは、これまで詳しく見てきた通りです。それでも何とか暮らしてこられたのは、コミュニティの存在など、様々な要因があるとはいえ、消費者余剰の大きな日本では、あらゆる財サービスが割安に供給されていたことも大きく影響していたと思われます。

しかし、その前提は2022年からの円安インフレを機に大きく崩れました。価格ばかりが上がって、消費者余剰が著しく低下し、賃金の引き上げが追いついていないから、人々の暮らしが脅《おびや》かされています。それが、日本でもアンチ・エスタブリッシュメント層が形成されつつある原因ではないでしょうか。

ただ、欧米との違いもあります。早くは2010年代半ばの米国でのティーパーティの台頭や、その後のトランピズムに変質した米国共和党によるアンチ・エスタブリッシュメント層の取り込み。フランスのRN（国民連合）やドイツのAfD（ドイツのための選択肢）の台頭。欧米でのアンチ・エスタブリッシュメント政党が台頭した舞台は、いずれも農村部でした。

そこでは、「高い教育を受けたエスタブリッシュメントが推進したグローバリゼーションや移民拡大で低中所得層の生活が苦しめられている」というナラティブ（物語）が広く受け入れられました。2024年11月の米国大統領選挙で敗れたカマラ・ハリスは、グローバリゼーションを推進したビル・クリントンやバラク・オバマ、ジョー・バイデンに連なる人物という評価を覆すことはできませんでした。金融や経済のエリートが多大な影響力を持つ共和党もグローバリゼーションを推進させたという点では、民主党中道派と変わりません。ただ、共和党は、ドナルド・トランプが掲げる経済ナショナリズムや国境管理、米国ファーストの外交政策というトランピズムの政党に変貌し、うまくアンチ・エスタブリッシュメント層を取り込んだのだと思います。

一方、2024年10月末の日本の総選挙では、引き続き農村部での自民党への支持は根強く、ポピュリズムの政党の台頭が見られたのは主に都市部でした。また、躍進が見られたと言っても、彼らが政権奪取に近づいているわけではありません。

米欧と状況が異なるのは、日本でのきっかけが円安インフレによる実質賃金の下落であり、都市部の方が、物価上昇ペースが速いからかもしれません。また、近年、都市部では、外国人労働者が急増していることなどが影響している可能性があります。

いずれにせよ、実質賃金の低迷を放置したままでは、安定していたはずの日本の政治が液状化する恐れがあるのではないでしょうか。包摂的な社会制度でなければ一国は繁栄できないという、アセモグルやロビンソンたちの言葉を思い出す必要があります。

第5章 労働法制変更のマクロ経済への衝撃

本章で論じるのは労働法制の変更をめぐる死角である。

1　1990年代の成長の下方屈折の真の理由

†長期停滞の入り口も「働き方改革」が影響

第4章では、近年の需給ギャップの水準を考える際、「働き方改革（残業規制）」がもたらした労働供給の制約について、日本銀行や内閣府が、十分に考慮していないのではないかとお話しししました。

かつて、日本の景気拡大局面では、正社員が残業時間を大きく増やすことで、ビジネスの拡大に対応してきましたが、2019年の法改正で、残業を増やして対応することが難しくなっています。雇用の大多数を占める中小企業には、2020年4月に規制が適用されましたが、当時はコロナ禍で、実質的な影響が現れたのは、2023年春のコロナ終焉による経済再開のタイミングでした。それが深刻な人手不足を日本国中にもたらした、というのが筆者の仮説です。需給ギャップがタイト化しているところに、円安インフレが訪れたから、インフレが長引いていることを日本銀行は見誤ったのです。

しかし、日本経済に、それほど甚大な影響を与えるはずの働き方改革について、政策当局者が十分に考慮に入れていない、などという事態がそもそも起こり得るのか、疑問に持つ読者も多いと思われます。

確かにそうした疑問を持つのはもっともなことなのですが、実は、過去においても、労働法制の変更で、似たような事態が起こっているのです。

それは、「失われた30年」の起点となった1990年代の出来事です。それ以前まで4%を超えていた日本の潜在成長率は1990年代に入ると急低下し始め、90年代末には1%を割り込みました。

今で言うところの「働き方改革」が大きく影響していたのですが、当時、政策当局者どころか、研究者もそれを認識するまでに10年以上の月日を要しました。具体的に言うと、週48時間労働制が、1990年前後に週40時間労働制に移行したことのインパクトが十分に認識されていなかったのです。10年以上経った2000年代初頭に認識されましたが、それがもたらした影響は、今も歪んだ形で認識されているように思われます。以下、詳しくお話ししていきましょう。

†構造改革派の聖典となった林・プレスコット論文

日本経済の潜在成長率が、それまでの4%強から、90年代に大きく下方に屈折したのは、一般には、バブル崩壊の影響、あるいは、それがもたらした不良債権問題が原因だと、今も昔も考えられています。

しかし、2002年に経済学者の林文夫《はやしふみお》とエドワード・プレスコットは、共著論文『失われた10年——1990年代の日本』において、日本の潜在成長率の下方屈折は、不良債権問題による金融システムの機能不全などの影響は観測されず、主に労働投入の減少と全要素生産性（TFP）上昇率の大幅な低下によってもたらされたと論じました。ちなみに、一国の経済の実力である潜在成長率は、①労働投入、②資本投入、③人々の創意工夫（イノベーション）の効果を意味する全要素生産性（ＴＦＰ）、の三つによって規定されます。

その上で、二人は、ＴＦＰ上昇率の低下が大きな要因であるのなら、それを回復させるために、構造改革が必要であると強調したのです。こうして、林・プレスコット論文は、２０００年代以降の構造改革派の聖典（バイブル）となっていったわけです。当時、不良債権問題こそが１９９０年代の停滞の元凶だと信じられていたので、経済分析を専門とする私たちには、相当に大きな衝撃を与えました。

筆者自身は、林・プレスコット論文に大きく影響され、同じシミュレーション結果を得ましたが、彼らとは異なるデータの解釈を行ってきました。ちなみに、経済停滞の原因は、需要側の問題ではないとする林・プレスコット論文に真っ向から反対し、糾合したのがリフレ派です。

林・プレスコット論文をもう少し解説しましょう。彼らが用いたのは、標準的な新古典派の成長理論（いわゆるソロー・モデル）ですが、そこにＴＦＰ上昇率の低下を外生的に採り入れると、日本経済の１９９０年代の低迷をうまくシミュレートできるというものでした。ただし、分析結果は、ＴＦＰ上昇率の低下だけでなく、労働投入の減少も同様に大きく影響したことを示していたにもかかわらず、その後、構造改革派は、ＴＦＰ上昇率の低

図５－１　生産性（トレンド、前期比年率、％）

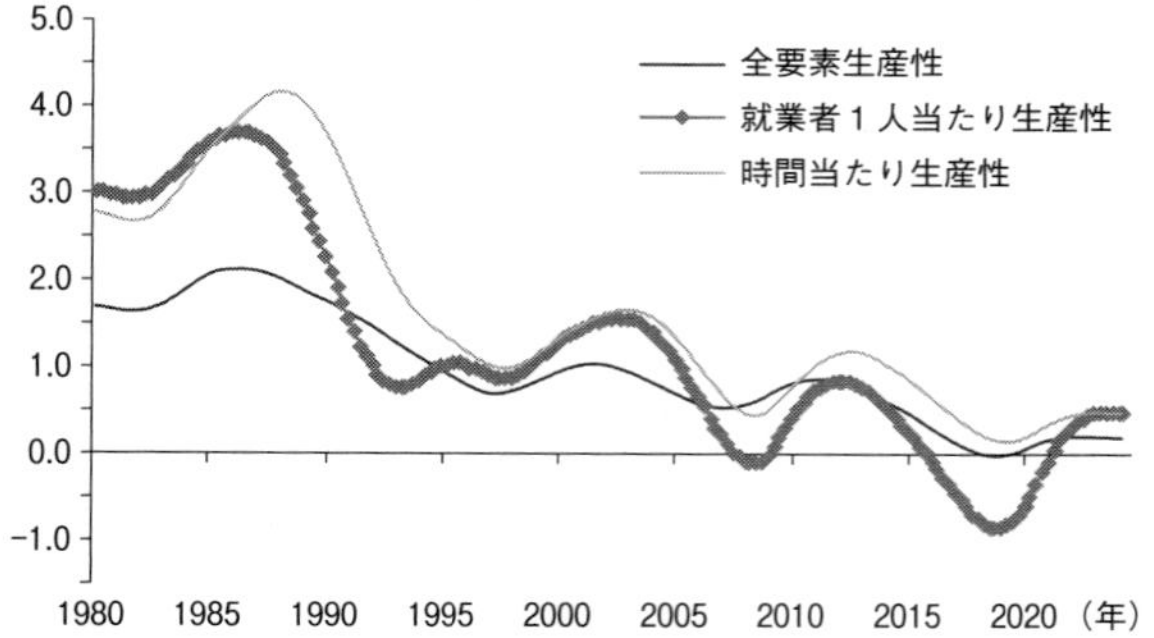

（出所）内閣府、経済産業省、厚生労働省、総務省資料より、BNP パリバ証券作成

図５－２　労働投入量（トレンド、前期比年率、％）

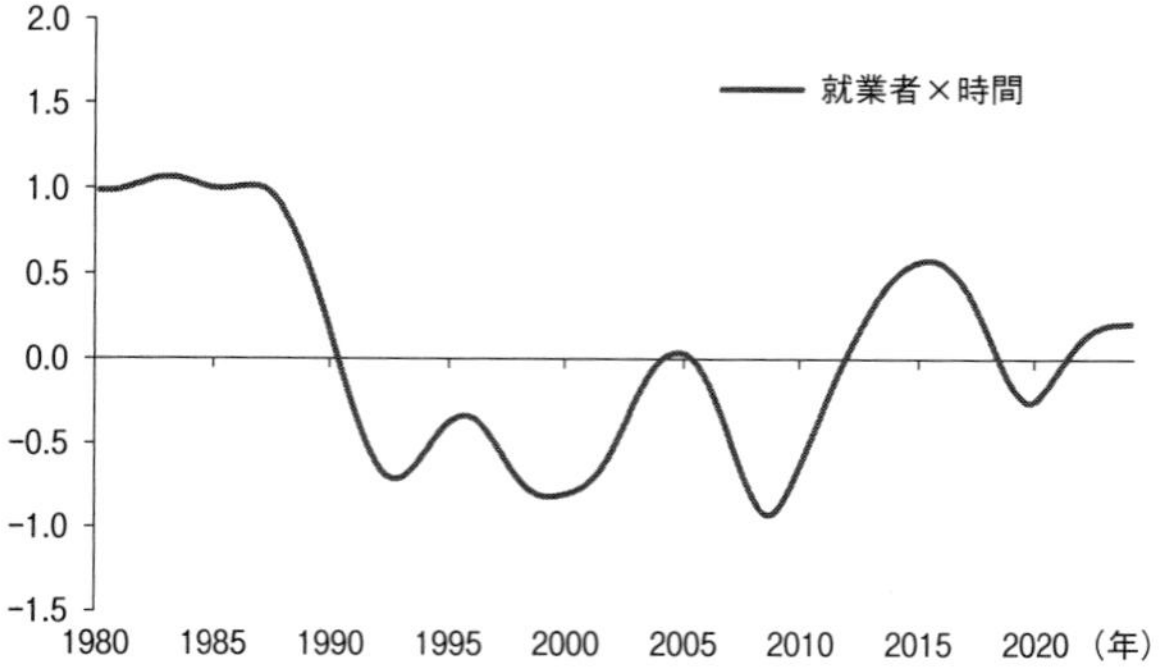

（出所）内閣府、総務省、厚生労働省資料より、BNP パリバ証券作成

下ばかりに着目して、経済論議を誤ったとまでは言いませんが、少し偏った方向に導いているのではないかと、筆者は考えてきました。

図5-1はTFPなど生産性の推移、**図5-2**は労働投入量の推移を示しています。生産性上昇率も労働投入量の変化率も1990年代に急激に低下しているのが一目瞭然です。

論文がTFP上昇率の低下を強調したのは、当時、労働時間の減少が一巡したと考えられていたためですが、その後も、第4章でお話ししたように、短時間の労働力が増え、総労働時間は減少しています。いずれにせよ、少子高齢化で労働力そのものが明確な減少局面に入るため、TFPを改善させなければ、潜在成長率は上がらないと考えられたのでしょう。

†構造改革路線の帰結

その後、2000年代半ばには、不良債権問題が終結し、その裏側にある日本の産業界が抱えていた過剰雇用や過剰設備、過剰債務などの過剰問題は終結しました。第1章で申し上げたように、本来は、金融が裏側にあると言わなければならないのですが、わが国では、金融問題が停滞の主因と考えられていたため、過剰問題ではなく、不良債権問題という言い方が定着しています。

しかし、どう呼ぶにせよ、それらの問題が解決された後も、林・プレスコット論文の影響もあってか、日本の1990年代以降の停滞は、TFP上昇率の低下によってもたらされたのであるから、サプライサイドの改革が必要と唱え続けられたのです。

確かに生産性を引き上げることはとても大事です。ただ、企業経営においては、その大事な構造改革が、雇用リストラや財務リストラと受け止められてしまいました。とは言え、長期雇用制の堅持も必須と考えられたので、人件費を抑え込むために、結局、雇用リストラの代わりに、実質ゼロベアで実質賃金の上昇を抑え込むと同時に、人件費を変動費に転換させるためのダークサイド・イノベーションである非正規雇用制への依存を強めていったのです。

このように、TFP停滞説による構造改革論は、第1章で触れたコーポレートガバナンス改革論と並び、過剰問題が終結した後も、大企業経営者をコストカット路線に邁進《まいしん》させることに、少なからず影響したのではないでしょうか。

もちろん、構造改革派が繰り返したのは、生産性を向上させよという話であって、コストカットに邁進せよ、ということではなかったはずです。しかし、それをビジネスの言葉に翻訳すると、どうしてもコストカットとなってしまうのです。

よく考えれば、それも当たり前であって、例えば、自動化を進めることで生産性を上げれば、人件費の抑制につながります。当時、構造改革派は、（平均）生産性を上げよというのではなくて、限界生産性を引き上げよ、と言うべきだったのかもしれません。

限界生産性が上がるということは、追加的な労働投入によって付加価値がさらに大きく増えるということです。企業経営者にとって、労働を投入することのメリットは大きく、新たに労働需要が増えることで、実質賃金を押し上げる要因にもなったはずでしょう。この話はイノベーションを取り上げる第7章で詳しく説明したいと思います。

†潜在成長率の推移

ここで、念のために、**図5−3**と**図5−4**で日本の潜在成長率の推移を確認しておきます。1980年代の潜在成長率は平均で4・3％と推計されます。ただ、80年代後半に、4％強というより、一時4・5％程度まで上昇していたのは、バブルの影響によって、総需要が大きく嵩上《かさあ》げされていたためだと思われます。

不動産や株式など、資産価格の高騰によって、個人消費が強く刺激されていただけでな

図5－3　潜在成長率（前期比年率、%）

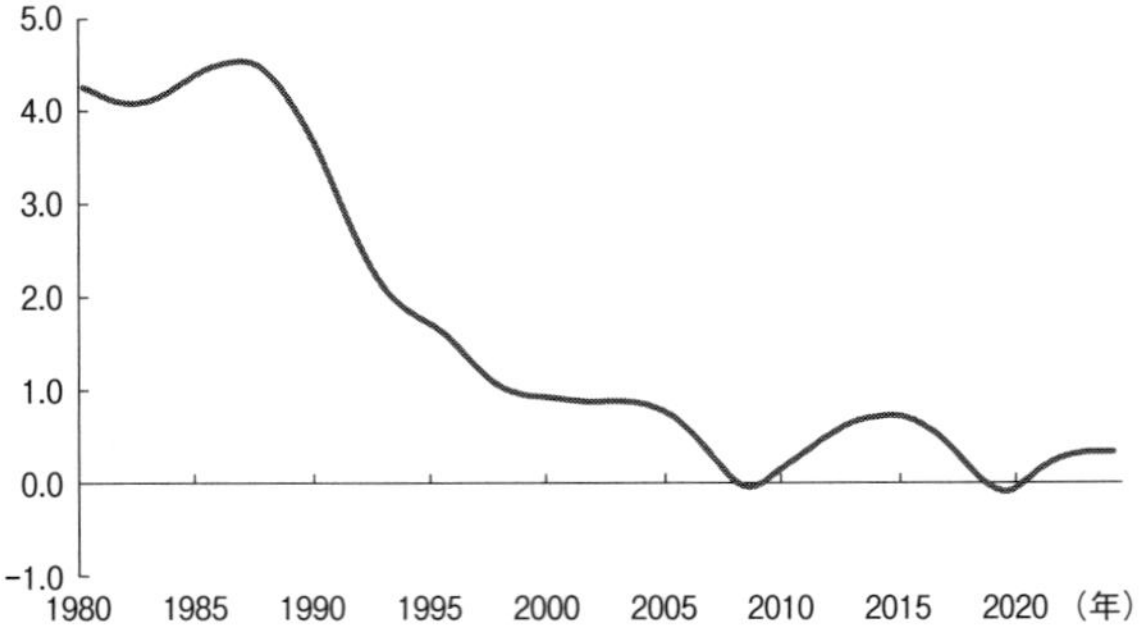

（出所）内閣府、経済産業省、厚生労働省、総務省資料より、BNP パリバ証券作成

図5－4　潜在成長率の寄与度分解（年率、%）

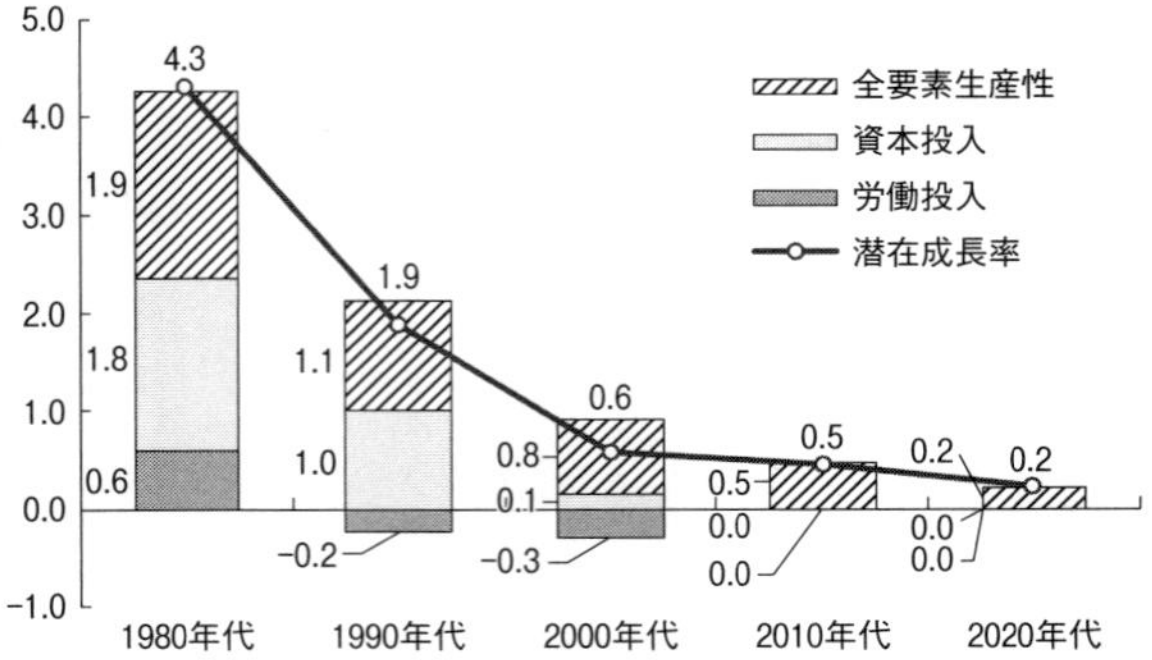

（出所）内閣府、経済産業省、厚生労働省、総務省資料より、BNP パリバ証券作成

く、ユーフォリア（陶酔感）によって、将来の高い成長の継続が見込まれ、設備投資も大幅に膨らんでいたわけです。今となっては、バブルによって、結局、将来の需要を相当に先食いしただけで、過剰設備とその裏側にある過剰債務を積み上げていたということでもあります。

その後、潜在成長率は１９９０年前後から低下が始まります。90年代半ばには２％を割り込み、90年代末には１％を下回りました。10年ごとの平均で見ると、潜在成長率は１９９０年代が１・９％、２０００年代が０・６％、２０１０年代は０・５％まで低下していきます。その後も低迷が続き、今のところ２０２０年代は、プラスの領域ではあるものの、０・２％とゼロ近傍にあるというのが筆者の最新の推計です。

†週48時間労働制から週40時間労働制への移行

さて、ここでの論点は、１９９０年代の潜在成長率の下方屈折の原因でした。林・プレスコット論文と同様の推計結果を筆者も得たと言いましたが、その後、多くの人が忘れていたのは、１９９０年代における労働投入の減少のきっかけは、少子高齢化ではなかったということです。生産年齢人口の減少は間近に迫っていましたが、その開始は１９９８年です。にもかかわらず、１９９０年代初頭から労働投入が急激に減少を始めたのは、１９９０年前後から、週48時間労働制が週40時間労働制に移行したことが主因でした。この点は、拙著『成長の臨界』でも論じましたが、改めて詳しく説明しましょう。

振り返ると、労働基準法の改正が行われたのは１９８７年でした。施行されたのは１９８８年ですが、激変緩和措置として、まずは週44時間労働制に移行しました。筆者は、大学を卒業し、１９８７年４月に都市銀行（今で言うメガバンク）に入行しましたが、当時、土曜日は月２回、出勤していました。

今では信じられないような話ですが、金融機関を含め多くの職場は、まだ完全週休二日制ではなかったのです。第２、第４土曜は休みでしたが、第５土曜がある時は、第１土曜と２週続けて６日働くため、毎回がっくりしていたのを今も思い出します。

既に大手製造業では、法改正以前から、完全週休二日制が導入されていて、週40時間労働制に移行していましたが、雇用の圧倒的多数を占める中小企業には経営上の負担が大きいと配慮され、週40時間労働制に完全に移行したのは１９９４年でした。

この構図は、２０１９年の残業規制と全く同じです。念のため、繰り返しておくと、残業規制の施行は２０１９年４月ですが、大企業は２０１０年代半ばから自主的に先行して導入し、負担の大きい中小企業への適用は2020年4月にずれ込みました。おまけに、実際に規制が大きく影響したのは、コロナ禍が終結し、経済が再開した2023年春だったわけですが、多くの論調は運輸や建設業への適用が始まる2024年問題にばかりフォーカスしていたという話でした。

†労働時間短縮のインパクト

さて、週48時間から週40時間労働制への移行は、完全実施まで6年の長い時間をかけたと言っても、20%も労働時間が減ることの日本経済へのインパクトは甚大であったはずです。週44時間の中間クッションが置かれていたとはいえ、2度にわたる10%の労働時間の減少のマクロ経済的なインパクトは無視し得ません。

本来、10～20%も労働時間が減る場合、時間当たり実質賃金が大きく上昇するため、ユニットレーバーコストの大幅な上昇や資本収益率の大幅な低下を避けるには、10～20%程度、生産性を引き上げなければなりません。しかし、それはまず不可能でしょう。生産性を引き上げることができないのであれば、ユニットレーバーコストの上昇や資本収益率の大幅な悪化を招くため、それを避けるには、大きく上昇した時間当たり実質賃金を10～20

%程度引き下げなければなりませんが、サラリーマンの月給を10〜20%下げるということになるので、それもまず不可能です。

現実的な落ち着きどころとしては、生産性をもう少し引き上げ、時間当たり実質賃金の上昇も多少抑え、ユニットレーバーコストの一定程度の上昇で、利益率がある程度下がるのを甘受するということだったと思います。しかし、実際に起こったことは、それとは全く異なりました。バブルによって、リアルタイムでは、問題自体が覆い隠されてしまったのです。

つまり、バブルによって、売上が大きく膨らみ、経常利益も膨らんだため、労働時間の短縮が、生産性の上昇によって克服されたのだと誤認されました。「やればできるじゃないか」と皆、勘違いしました。高いハードルを乗り越えたと受け止められたことで、1979年の出版からかなり年月が経っていましたがエズラ・ボーゲルの『ジャパンアズナンバーワン』が読み返され、産業界にますます自信がついて、ユーフォリアがさらに広がっていったのです。

†バブル崩壊後のツケ払い

しかし、そのツケ払いはバブル崩壊後に一気にやってきました。バブルがはじけると、嵩上げされていた総需要は大きく切り下がり、売上は減って、利益も大きく減少しました。時間当たり実質賃金が大きく切り上がってくる一方で、労働生産性も改善したとはいえ、思ったほどではなかったことも明らかになってきました。

この段階において、ユニットレーバーコストが大きく切り上がっていたことが明らかになりました（第4章の**図4-7**参照）。同時に、資本収益率も大きく悪化し、企業は、設備投資を急激に抑制せざるを得なくなりました。マクロ経済的には、TFP上昇率も大きく低迷し、資本収益率も大きく悪化したため、資本投入の伸びも急激に鈍化したということです。

設備投資の減少による負の乗数メカニズムが働き、ショックは増幅されました。最後は、1997年の金融危機がとどめを刺すわけですが、1990年代の潜在成長率の低下において、林・プレスコット論文の主張通り、確かに金融システムの機能不全はあまり影響していませんでしたが、労働法制の変更の影響がバブルやその崩壊と相俟って大きく増幅されたというのが、筆者のデータ解釈の結論です。

ただ、多くの人は、日本の潜在成長率の低下を、バブル崩壊が原因と受け止めました。

確かにその影響も大きいですが、労働時間の短縮の影響が小さいはずがありません。バブルによって労働投入の減少の影響が単に覆い隠されていただけであって、バブル崩壊後に、資本収益率の悪化とTFP上昇率の低下が露《あらわ》になり、その後、資本投入の調整が始まったのです。

それらは、林・プレスコット論文の主張とは異なりますが、その論文で示されたデータとは整合的であると思われます。いずれにせよ、バブル崩壊後は、バブル崩壊の影響も労働時間減少の影響も、すべて十把《じっぱ》一絡《ひとから》げにされ、今でも多くの人はバブル崩壊だけが長期停滞を引き起こしたと考えています。そして、停滞のきっかけとなった労働法制変更の影響については、今やすっかり忘れ去られているということです。

2　再考　なぜ過剰問題が広範囲に広がったか

†誰がバブルに浮かれたのか

今回、改めて40年前の労働法制の変更の話を筆者が持ち出すのは、それが広範囲な影響を持つにもかかわらず、現在も政策当局者はさほど注意を払っていない、ということをお伝えしたいためですが、もう一つ別の理由があります。それは、1990年代のバブル崩壊後、なぜ、あらゆる業種が広範囲に過剰問題を抱えていたかを改めて説明するためです。

バブルに踊ったのは、主に建設や不動産、小売業といった一部のセクターだったはずです。彼らは、保有する不動産を担保に銀行からの借入を増やし、さらに不動産を購入して、商業不動産投資を拡大していきました。

当時、「財テク」と呼ばれた余資運用に走って焦げ付きを出した製造業も一部には存在しましたが、多くの製造業は堅実経営を続けていたはずだったのではないでしょうか。それにもかかわらず、そして、林・プレスコット論文が示すように金融システムが大きな問題ではなかったにもかかわらず、製造業を含む広範囲なセクターでTFPの上昇が滞りました。

もちろん、日本国中を覆うユーフォリアによって、ほとんどすべての企業が浮かれていたのだという説明もあり得ます。関西系の都市銀行に勤めていた筆者は、毎晩、長時間勤務の後、先輩たちに大阪の北新地に連れ回されていた懐かしい記憶もあります。

しかし、これまで述べてきたように、週40時間労働制の移行過程で起こるはずの大きな調整がほとんど行われないまま、バブルに浮かれて、簡単に解決できたと誤認したことで、その後、より深いマクロ経済的な過剰の調整が必要となった、というのが実態ではないでしょうか。週40時間労働制を早くから導入していた一部の大企業・製造業は別として、中堅・中小など多くの製造業に大きな影響が現れたのは当然と言えます。そうした意味では、やはり、皆、バブルに踊らされたのです。

時間当たり生産性に比して時間当たり実質賃金が相当に高くなっているため、当然にして、調整が続いている間は、生産性が上がっても実質賃金を引き上げることはできません。生産性が上がっても実質賃金を引き上げない、という企業行動は、ここからスタートしていたのではないでしょうか。

さらに金融危機を経て、メインバンク制は崩壊しました。第1章で詳しくお話ししたように、青木昌彦が予言したのは、メインバンク制が崩壊すると、長期雇用制を前提にした日本型の安定的な企業経営は困難になるということでした。日本の大企業経営者は、メインバンク制が崩壊しても、米国のような不況時の雇用リストラを避けるべく、自己資本の蓄積に走るようになりました。

つまり、コストカットに邁進し、儲かっても溜め込むようになったということであり、正社員のベースアップを抑えて定昇のみとし、また、雇用コストが膨らむことを避けるため、非正規雇用に大きく依存するようになったというわけです。

不運も重なりました。過剰問題が終結した後も、グローバル金融危機など、繰り返し危機が訪れたため、儲かっても利益剰余金を積み上げるだけで、実質賃金を引き上げない、という企業行動が定着するようになりました。

このように、生産性が上がっても実質賃金を企業が引き上げないのは、かなり根深い問題が底流にあります。このため、2023年以降、ベースアップは復活しましたが、インフレ相当分のベースアップが行われるだけで、実質ゼロベアは変わっていないのではないかと、未だに筆者は懐疑的です。

†実質円安への影響

実質賃金やユニットレーバーコストが1990年代半ばまで上昇していたことは、第1章で説明した実質為替レートの動きにも少なからず影響しているのではないかと、筆者は考えています。第1章の**図1-9**が示すように、実質実効円レートがピークを迎えたのは、

図5－5　名目実効円レート（2020年＝100）

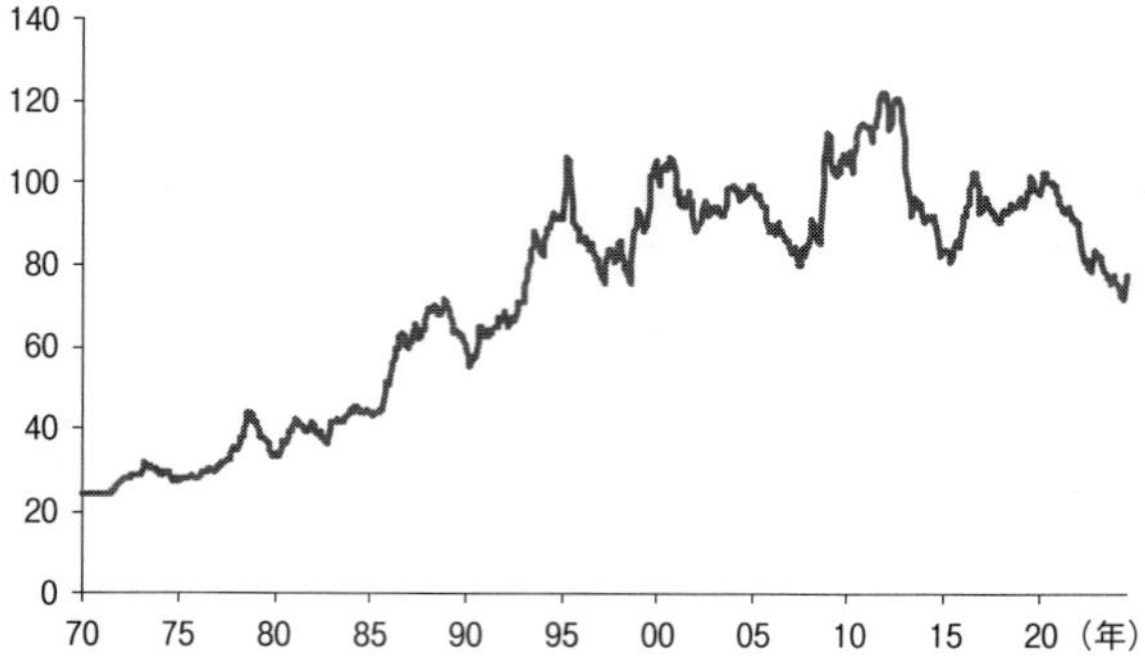

（出所）日本銀行資料より、BNPパリバ証券作成

バブルが崩壊した1992年頃ではなく、数年後の1995年頃でした。なぜバブル崩壊が明確化した1992年頃ではなかったのでしょうか。

もちろん、1995年に実質実効円レートがピークを迎えたのは、名目為替レートの推移が大きく影響しています。バブルの間、ユーフォリアが広がり、日本企業の海外投資は相当に膨らみ、それが円安をもたらしていたわけですが、バブル崩壊によって、それらの海外資産の処分が始まり、資金還流（リパトリエーション）によって、1995年には急激な円高が進みました。この時の実質円高もまた強烈であり、その後、超円高は再び2010年代初頭に訪れますが、実質ベースで見ると、1995年に比べて、さほど強烈な円高とは言えません。**図5－5**には名目実効円レートの推移が示されています。名目実効円レートは、貿易量で加重平均した円レートのことです。数字が大きくなると円高、小さくなると円安を意味します。

ここで筆者が問題にしたいのは、1995年の実質ベースの強烈な円高には、1990年前後の週40時間労働制への移行に伴い、時間当たり賃金、あるいは、ユニットレーバーコストが1990年代半ばまで大きく上昇を続けていたことも影響しているのではないか、ということです。

バブルが崩壊した後も、1990年代半ばまでは、時間当たり実質賃金は上昇し、ユニットレーバーコストは増加が続いていました（第4章の**図4-7**を参照）。その後、企業の激烈な人件費の削減などコストカットが始まったために、1990年代後半から実質実効円レートの大幅な低下が始まったのではないでしょうか。

そしてこれまでも繰り返しお話ししている通り、1990年代後半以降、実質実効円レートが低下の一途をたどっているのは、日本の生産性が低迷しているからではありません。生産性は上がっていますが、名目賃金が抑え込まれ、物価や実質賃金が全く上がっていないために、今も実質実効円レートが低下を続けているのです。

†今回の働き方改革も潜在成長率を低下させる

さて、1990年前後に労働時間が短縮された際、ユニットレーバーコストは大幅に切り上がり、一方で、その後、深刻な不況が始まったために、価格に転嫁することができず、企業の利益も低迷が続きました。その結果、ユニットプロフィットも低迷が続きました。

今回の働き方改革は、労働需給が逼迫し、名目賃金が上がり、人件費も膨らんでいるため、今のところ1990年代半ばほどではありませんが、ユニットレーバーコストは上昇が続いています。また、コスト以上に価格転嫁が進んでいるため、第4章でお話しした通り、ユニットプロフィットは上昇傾向にあり、物価を押し上げる方向に働いています（第4章**図4-7**を参照）。

一方で、労働投入量の減少が潜在成長率を押し下げるという点は、1990年前後も、今回の働き方改革でも変わりはないと思われます。

日本経済は、未だに5年前の2019年の実質GDPの水準からほとんど変わっていませんが、そのことは、潜在成長率が文字通りゼロ近傍にあることを意味しています。つまり、コロナ前に比べて潜在成長率は低下しているということです。コロナが影響して残業時間規制の影響が見えづらくなっていますが、これは、１９９０年初頭にバブルとその後の崩壊によって、週40時間労働制のインパクトが見えづらくなっていたことと同じではないでしょうか。

働き方改革ですっかり残業は「悪」となりました。日本の産業界の強みは、正社員が労働時間を伸縮させることで、需要の変動に合わせて、労働投入を調整してきたことです。長期雇用制の宿痾《しゅくあ》であった長時間労働を是正することは大事な話ですが、産業界が強みを失っていることに誰も警鐘を鳴らす人がいないのは、本当に心配です。

特に唯一、政府部門で、経済分析の専門家を多数育成し、時間をかけてマクロ経済を分析しているはずの日本銀行が２％インフレの安定的な達成にばかり気を取られ、労働供給の低下が引き起こしている賃上げを「好循環」などと呼んでいる姿を見ると、胸が痛む思いです。

†かつての欧州とは問題が異なる

本章の最後に、もう一つ気になっている点をお話ししておきます。２０２４年9月末の自民党総裁選では、解雇法制など、労働規制の緩和が議論されました。

中小企業に勤める労働者は、弱い立場にあり、失職しても泣き寝入りが多いため、解雇された労働者への金銭補償の制度を導入すべきという主張がありましたが、これは筆者も首肯するところです。ただ、雇用の流動化を促すために、労働規制を緩和すべきという他の意見については、必ずしも納得できません。

第3章でも少しお話ししましたが、かつての欧州で、労働規制の緩和が必要と考えられていたのは、社会民主主義的な当地では、労働組合の力があまりに強過ぎて、時として、労働生産性に比べて、実質賃金が高くなり、そのせいで高い失業率となっていたためでした。しかし、第1章以降、繰り返し述べてきた通り、日本の労働問題は、労働生産性に比べて、実質賃金があまりに低く抑え込まれていることです。実質賃金が低いために、企業が喜んで採用するから、日本の失業率は極めて低い状況が続いているのです。

かつての欧州で必要とされた労働規制の緩和を日本で行うと、企業経営者や資本の出し手に対する労働者の対抗力はさらに低下して、実質賃金がますます上がらなくなる、といった事態になりかねません。現在の日本にとって、解雇法制の緩和というのは、誤った処方箋であると思われます。

第6章

コーポレートガバナンス改革の陥穽と長期雇用制の行方

本章で論じるのは、コーポレートガバナンス改革と労働市場改革をめぐる死角である。

1 もう一つの成長阻害要因

†これまでのまとめ

これまで本書は、大企業の正社員を中心とした長期雇用制におけるゼロベア（ゼロ・ベースアップ）が長く継続したことが、日本の長期停滞の原因であることを明らかにしてきました。

ここまでの議論を簡単にまとめておきましょう。まず、過去四半世紀の間、日本では、時間当たり生産性が3割上昇しましたが、時間当たり実質賃金は全く増えていません。むしろ実質賃金は、近年の円安インフレもあって、減少しています。

ただ、実質賃金が増えなくても、長期雇用制の枠内にいる人は、毎年2%弱の定期昇給（定昇）があるため、賃金カーブに沿って賃金は上昇しています。属人ベースで見ると、四半世紀で、賃金は1・7倍となります。このため、日本の大企業エリートは、1世代前に比べて、自分たちの実質賃金が全く増えていないことを十分に認識していません。多くの場合、1990年代末の課長や部長に比べると、現在の課長・部長の賃金は、名目でも、実質でも減っています。

近代以降の先進国において、四半世紀にわたって実質賃金が全く伸びなかったというのは、極めて異例の現象です。これが、「貧しくなった日本」の真の意味するところなのです。日本に比べて生産性の改善が劣後するドイツやフランスも実質賃金は一定程度増えています。このため、全く実質賃金が増えていない日本の財・サービスの価格は、外国人にとって、相当に割安です。本来の価値よりも相当に低い値段で労働力を切り売りしているわけなので、財界人は、インバウンド消費が大きく拡大しているなどと、はしゃいでいる場合ではないのです。

にもかかわらず、大企業では、新入社員だった頃に比べて所得が大きく増えていることから、「実質賃金が上がっていないのは、生産性の低い中小企業などの話」と受け止めがちで、「そうした中小企業が、自分たちのような収益性が高くて、生産性の高い企業に生まれ変わるには、一国全体で成長戦略を進めるしかない」という考えに取り憑《つ》かれた大企業経営者も少なくありません。

ベンチマークとなる大企業の実質賃金が全く上がっていないため、長期雇用制の枠外にいて、フラットな賃金カーブに直面する人々は、より深刻な影響を受けています。労働需給の逼迫《ひっぱく》の影響で、近年、多少は実質賃金が切り上がったとは言っても、もともとの賃金水準が極めて低いこともあって、経済成長の果実をほとんど手にすることができていないのです。

そうした低い賃金でも、これまで何とか生活していくことが可能だったのは、日本が消費者余剰（言わば、消費者のお買い得感）の大きい社会であったことや、ゼロインフレが長く続いていたためでした。しかし、2022年以降の円安インフレによって、実質所得が目減りするとともに、インバウンドブームの過程で、大きかった消費者余剰は失われ始め、生活に困窮する人が増えています。

そのことが、２０２４年10月27日の総選挙結果に、国民の強い怒りとなって現れた可能性があります。与党は過半数割れし、極端な主張を掲げる政党の躍進にもつながっています。米欧を追いかける形で、アンチ・エスタブリッシュメント政党の台頭が日本でも始まり、このままでは政治が液状化していく恐れもあります。

読者は、日本経済の長期停滞や最近の政治の不安定化に、長期雇用制が大きく関係していることを既に認識されたと思います。だとすると、長期雇用制そのものを大きく見直すことが必要なのでしょうか。本章では、日本の雇用制と、それに深く関係するコーポレートガバナンス（企業統治）改革について、詳しくお話ししていきたいと思います。

†メンバーシップ型雇用とジョブ型雇用

筆者には、少し極端な意見のようにも見えますが、40歳定年制を唱える著名な経済学者や、それに賛同する大企業経営者も存在します。また、岸田文雄前政権では、日本独自の正社員の働き方であるメンバーシップ型には、様々な綻《ほころ》びが目立つようになっているから、欧米のようなジョブ型への移行が望ましいとして、リスキリングなどを含め、「三位一体の労働市場改革」が掲げられていました。

念のため説明しておくと、日本の大企業の正社員を中心とする雇用制をメンバーシップ型と呼びます。日本の中小企業や非正社員、あるいは諸外国で企業規模や雇用形態を問わず広く採用されている雇用制をジョブ型と呼びます。海外の雇用制はジョブ型です。日本以外の国では、幹部層を除くと、会社に入る場合、決まった職種（ジョブ）に就きますが、日本の場合、大半の正社員の職種は決まっておらず、ローテーションの中で、様々な職種に就きます。ジョブ型では文字通り、就「職」なのですが、メンバーシップ型の場合、就「社」となります。

だから日本の場合、仕事は何をやっているかと問われると、「〇〇銀行です」と会社名を答えたり、どこに勤めているか分かっている場合には、「部長をやっています」などという回答になりますが、これは日本特有の光景です。ちなみに筆者の場合は、会社を幾度か変わることはありましたが、1980年代末以降、ずっと経済分析が仕事なので、「エコノミストです」と答えています。

近年、ビジネスパーソンの間では、新しい働き方として、このジョブ型雇用なるものが話題となっていますが、決して一段進んだ、新しい働き方というわけではありません。その本質は、第2章にも登場した、命名者である濱口桂一郎によれば、18世紀後半以降の第一次産業革命の下で誕生した古臭い伝統的な働き方です。それはそれで様々な問題を抱えていて、欧米でも長年にわたって、理想の働き方を探って改革が施されているのが実態です。そのあたりの事情については、後ほどお話ししたいと思います。

†雇用制度を変えようとすると他の制度との摩擦が生じる

読者は意外と思われるかもしれませんが、筆者自身は、日本の長期雇用制がたとえ、そのままの形での存続が難しくなっているのだとしても、急激な社会制度の変革は現実的ではないし、それを一気に変えようとすると、むしろ混乱を引き起こすだけであって、お粗末な結果になりかねないと以前から考えてきました。欠点は多々ありますが、基本的に長期雇用制は望ましいというのが筆者の立場です。

雇用制度が一気に変わるとなると、一生涯の問題にもかかわるため、先行きを不安に思う人が増えます。予備的動機で貯蓄を増やし、個人消費が抑えられてマクロ経済に悪影響が及ぶというリスクもあります。これは、年金制度の改革なども同じで、漸進的な改革は大事ですが、少なくとも社会制度に関して、政治家は安易に抜本的改革などと言うべきではないと思います。

そもそも、様々な社会制度は相互に連関し、互いに補完し合っています。二つの制度の間にシナジー効果があり、個別に用いるより高い効果が得られる場合、「制度補完性がある」といいます。現在のメンバーシップ型を中心とする日本の長期雇用制も、医療制度や公的年金制度などのセーフティネットをはじめとする税・社会保障制度や、就職前の教育制度など他の社会制度との間に強い制度補完性があり、互いを前提としながら、長い時間をかけて作られてきました。

時代の変化に合わせて、それらを少しずつアップグレードしていくのは極めて重要なことではありますが、雇用制度だけを抜き出して、欧米のジョブ型に一気に変更しようとすれば、他の制度との齟齬が発生して、上手く作動しなくなる恐れがあります。むしろ雇用制度は、民間の制度であり、既に大きく変貌しているとも言えますが、税・社会保障制度がそれに全く追いついていないから、日本経済が停滞しているというのは、筆者が長年主張してきたことでもあります。

ここで、再び雇用制度だけを取り出して、全く別のものに作り替えようとすれば、制度はますます、誤作動を起こすことになるのではないでしょうか。

また、驚く人も多いかと思われますが、雇用制度は、資本市場制度との間の制度補完性も相当に強く働きます。本章で筆者がお話ししたいのは、1990年代末以降のコーポレートガバナンス改革が、雇用制度をはじめ、その他の社会制度と齟齬を来し、そのことが日本経済に少なからぬ悪影響をもたらしてきたのではないか、という点です。

念のために言っておきますと、多くの日本型企業が現在、導入し始めている「ジョブ型雇用」というのは、どうやら二つのタイプがあるようです。一つは、雇用を不安定化させ、長期雇用制を否定するようなものですが、労働需給が逼迫する中で、雇用保障の企業責任を緩めるようなブラックな会社には人材は集まりそうにないので、一般的になるとは思われません。

もう一つは、従来の日本型の長期雇用制に、「早期選抜」などの修正を施すものです。ある時、筆者が大学の同窓向けの講演で、ジョブ型雇用に否定的な話をしたら、参加者から強い反論を頂きました。それで詳しく聞いてみると、その方が言うジョブ型というのは、「早期選抜」の導入などであり、実は、筆者自身が望ましい雇用制度改革だと考えていたものでした。それらは、ジョブ型を称するとはいえ、海外のジョブ型雇用とは似て非なる制度です。

†メインバンク制の崩壊と日本版コーポレートガバナンス改革の開始

前置きが長くなりました。本章のテーマは、コーポレートガバナンスと雇用制度の関係でした。読者は、第1章で登場した経済学者の故・青木昌彦氏の予言を覚えておられるでしょうか。それは「メインバンク制が崩壊すれば、日本型の安定的な企業経営の根幹にある長期雇用制も崩壊する」というものでした。

米国では、不況が訪れ、売上が減ると、倒産を避けるために、人件費の削減を目的に、企業が雇用リストラに踏み切るのは日常茶飯事です。日本では、不況期も雇用リストラが避けられていたのは、かつてはメインバンクからのサポートがあったからでした。日本の大企業は、株式を互いに持ち合うなど、特定の銀行（メインバンク）と特別な関係を結んでいたのです。

1990年代末の金融危機以降、メインバンク制は文字通り、崩壊しました。しかし、その後も、大企業が不況期の雇用リストラを避けられているのは、長期雇用制を維持するために、自己資本を積み上げるべく、コストカットに邁進《まいしん》したからでした。

人件費を抑えるために、ゼロベアを続け、セーフティネットを持たない非正規雇用に大きく依存するようにもなりました。そのことが、個人消費の低迷の原因ともなり、企業の国内売上の低迷を今も招いていることは、第1章で詳しくお話ししましたが、話はそこでは終わりません。

メインバンク制の崩壊過程で、銀行と企業の株式の持ち合いが解消される際、健全な株式の受け皿を整えるべく、日本政府は、株主の利益に沿った企業経営が行われることを目指してコーポレートガバナンス改革を推進しました。時は、1990年代末。グローバル金融市場では、米国流の新自由主義的な株主資本主義時代の真っ盛りでした。

当時、コーポレートガバナンス改革の理論的支柱だったのは、一つは「企業の社会的責任は利益を増やすこと」とするフリードマン・ドクトリンでした。あの有名な決めゼリフである「インフレは、いつでもどこでも貨幣的現象」と発したマネタリストの総帥であり、1976年にノーベル経済学賞を受賞したミルトン・フリードマンです。

もう一つの理論的支柱は、同じく経済学者のマイケル・ジェンセンのエージェンシー理論でした。ジェンセンは、企業経営者（エージェント）が株主（プリンシパル）の利益を最大化させるインセンティブ（誘因）を持つためのメカニズムデザインを構築したことで有名です。

ジェンセンの理論に基づけば、企業経営者が自らを言わば「皇帝」であると誤認して、帝国の建設さながら、大組織を構築するため、本来なら、株主に帰属するはずの潤沢なキャッシュフロー（資金）を誤って費消しないよう、企業経営者が株主のために働く制度設計が必要ということですが、筆者はこの理論にはとても懐疑的です。

フリードマンとジェンセンの主張は、互いに共鳴し合い、言わばそれが一つになり、「企業経営者の使命は株主利益の最大化」というフリードマン＝ジェンセン原則が出来上がりましたが、これに沿ったコーポレートガバナンス改革が、１９９０年代末以降、日本でも導入されたのです。

まず、ここで論じたいのは、その「原則」の評価そのものではなく、そうしたコーポレートガバナンス改革が日本で果たして有効だったのか、という点です。他の社会システムと大きな齟齬を来した可能性があります。

†メインバンク制のもう一つの役割

元来、日本では、短期的な利益を追求する株式保有者からの企業経営者へのプレッシャーを遮断するための仕組みが、様々なところに組み込まれていました。上場企業に関して言うと、株主は多くの場合、企業が長期の付加価値を生み出すことについては、さほど関心を持たず、往々にして、自らの短期的な利益ばかりを追求します。

株主から多額の配当の支払いが要求され、長期投資のためのキャッシュフローが枯渇すれば、企業の成長が困難になりかねません。目先の利益を追求するのではなく、長期雇用制の下で、従業員の集団的かつ累積的な学びを可能にし、人的資本を高めて、新たな財・サービスを世に問うべく、株式市場に跋扈《ばっこ》する投機家たちに左右されない安定的な企業経営を可能とするのが、メインバンク制だと考えられていたほどでした。

もちろん、そのメインバンク制は、そもそも1970年代前半の日本の高度成長期の終焉によって、企業の設備資金の需要低下とともに既に弱体化していました。1990年代末の金融危機がとどめを刺すわけですが、その直接のきっかけである1980年代末の金融バブルの生成そのものも、メインバンク制の弱体化がもたらしたものでした。メインバンクから企業への規律も大きく低下していましたが、メインバンク自身の規律も、その監督官庁自身の規律も、なあなあの馴れ合いの中で、同じようにすべて低下していました。

そうした意味でも、資本市場制度は、伝統的なメインバンク制から移行することが早い段階から必要だったのです。しかし、長期信用銀行や信託銀行、証券会社などの既得権者の抵抗も強く、改革は一向に行われず、バブル期に誤った方向に過大なリスクが取られ、メインバンク制は一気に自壊します。そんな中で、1990年代後半以降、日本政府は金融ビッグバンの一環としてコーポレートガバナンス改革を推進しましたが、事態を改善させるどころか、悪化させた可能性があるのです。

†理想の経営からの乖離

日本では、「コーポレートガバナンス」という言葉が一般的になる前から、理想としては、長期的な視点で、株主だけでなく、従業員、取引先、債権者、地域など様々なステークホルダーの利益を考慮して、バランスを取りながら経営することが企業経営の極意だと考えられていました。創造された付加価値は、決して株主だけによって独り占めされるべきものではなく、長期投資のために資金を留保した上で、その貢献度に応じて利益を配分すべき、ということです。とりわけ付加価値の源泉たる従業員（人的資本）に手厚く報いることが、新たな付加価値の創造につながると考えられていたはずです。

筆者自身も、長年、上場企業は株主だけのものではなく、公のものなのであって、コーポレートガバナンスも、株主だけではなく、あらゆるステークホルダーの利益の増進のためにバランスを取って企業経営者に要請されるべきものだと考えてきましたし、今もそう考えています。

とりわけ革新的な財・サービスの創出には、共通の目的に向かって努力するチームメンバーとの継続的な相互作用を通じて、組織が集団的かつ累積的な知識を蓄積していくことが不可欠です。そのためには、長期的かつ、安定的な雇用を従業員に提供する必要があります。

近年の米国においても、企業経営の現場では、今なお「強欲資本主義」が続いているとはいえ、先ほどお話ししたフリードマン＝ジェンセン原則に対する反省も強まり、大企業トップが集まる2019年のビジネス・ラウンドテーブルなどでは、理想形として、日本でもともと考えられていた企業経営の極意のような考え方に再び脚光が集まっています。そうした企業経営のあり方は、そもそも日本型の雇用制度や教育制度、税・社会保障制度等とも補完的であったように思われます。

†冴えないマクロ経済の原因とは

しかし、そんな日本で、1990年代末以降、「企業経営者の使命は株主の利益の最大化」式のコーポレートガバナンス改革が推し進められました。転職市場や企業買収市場が十分に発達していた米国では、新たな技術を導入するには、技術を持った人材を他社から引き抜くことや、技術を有する企業を買収することで対応が可能です。そうした市場を活用することで、「時間を買う」のは常套手段《じょうとうしゅだん》と考えられています。

ただ、転職市場や企業買収市場が十分に育っていなかった当時の日本では、新しい技術を導入する際には、時間をかけて人材を育成し、自分たちが一から構築しなければなりませんでした。従業員の立場に立てば、新技術を導入するために、人的資本を蓄積することは、多大な労力を要します。その労力に報いることができるのは、長期雇用制の優位性でもありましたが、それが困難になってきたのです。

「株主至上主義」のコーポレートガバナンス改革が日本に導入されると、もはや時間をかけて人材育成をするというのは、辛気臭い手法であるとして、企業経営者には許されなくなりました。近年の長期雇用制の綻びとともに、ようやく活性化し始めたとは言え、今でも転職市場や企業買収市場は十分に育ったとは言えません。

それでも企業経営者は、株式市場が要求する高い配当や、四半期毎の高い利益を確保しなければなりません。結局、企業経営者は、国内ではコストカットに邁進し、人的投資や

図6－1　売上高・経常利益・配当・人件費・設備投資
（年度、1998年＝100、法人企業統計年報）

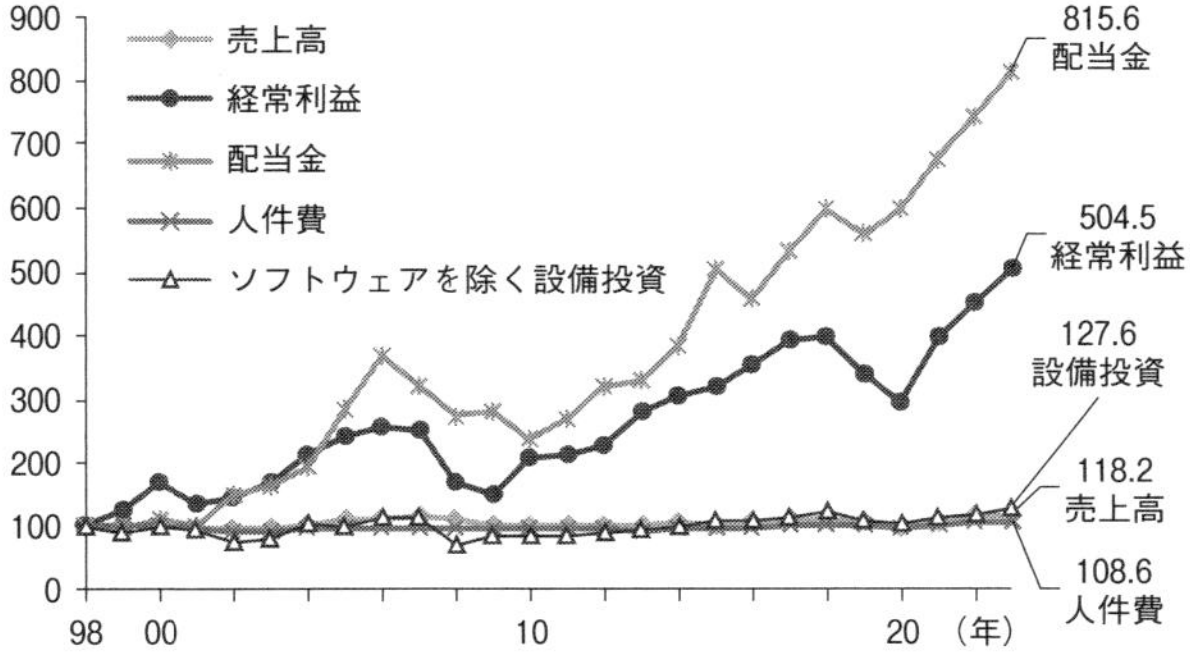

（出所）財務省資料より、BNP パリバ証券作成

有形資産投資、無形資産投資はなおざりにされています。それが、この四半世紀に日本で起こったことではないでしょうか。

とりわけ過去10年間は、海外投資が急増し、その利益も大きく膨らみましたが、それは、国内の従業員の成果ではありません。それゆえに、儲かっても、国内では、ゼロベアが続けられてきました。実質賃金が一向に増えないために、個人消費は増えず、国内の売上が増えないから、国内で行われるのは、ますますコストカットばかりとなります。第1章で詳しくお話しした、冴えない日本のマクロ経済パフォーマンスには、株主至上主義のコーポレートガバナンス改革も少なからず影響していたように思われます。

図6-1にある通り、過去四半世紀の間に、

確かに企業利益は大きく膨らみ、それ以上に配当も大きく膨らみました。その結果、株価の水準も大きく回復しました。しかし、付加価値の創出の貢献に応じた分配が従業員に適切に行われているのでしょうか。おまけに、日本の家計が保有する金融ポートフォリオ（金融資産構成）は安全資産に偏っているため、配当や株高を享受するのは、外国人投資家ばかりです。

日本の家計が恩恵を全く受けずして、一体、何のためのコーポレートガバナンス改革だったのでしょうか。

2 略奪される企業価値

†株式市場の実態

筆者が、金融市場の外の人と話して驚くのは、少なからぬ人が、株式市場を企業が長期投資を行うための資金を調達する場所だと考えていることです。いや、金融市場の内側にいる人でも、そのように誤解する人がいるのですが、現実には、株式市場は、単に既存の株式を売買している場所であって、企業が投資資金を調達する場所ではありません。成長企業の株式に投資資金が向かって株価が上がることによって、どれが成長企業か、というのが分かりますが、それは既存の上場された株式の売買において起こる現象です。

株式市場の機能とは何かと問われると、現実に沿って説明すると、従業員を中心に企業が生み出した付加価値を、株主が幾つかの手段を通じて、抜き取る場所ということになるでしょうか。そう、株主が利益を抽出する場所なのです。

もう少し言うと、まず、新規公開株（ＩＰＯ）についても、新たなビジネスを立ち上げるスタートアップ企業が創業に成功し、その創業準備のために資金を拠出した起業家やエンジェルと呼ばれる資金の出し手が、保有する株式を一般に売り出すことを通じて、付加価値を抽出し、現金化する場所となっています。

既にＩＰＯを終えた既存企業の場合は、株式市場で当該株式を購入した投資家が、配当の受け取りや、株価の値上がり益を通じて、従業員を中心とするステークホルダーを含め、企業組織が創造した付加価値を抽出する場所なのです。

†収奪される企業価値

問題は、フリードマン＝ジェンセン原則が定着する1970年代末頃から、米国では、株主がその貢献度を大きく逸脱し、より大きな付加価値を抽出し始めたことです。それにお墨付きを与えたのが、フリードマンやジェンセンだった、と言うべきかもしれません。1982年には自社株買いが合法となり、同時にその頃から、企業経営者が株主の利益を最優先するインセンティブを持つことを目的に、企業経営者の報酬が株価に連動する株式型報酬制度が導入されていきました。

そのことは、これから論じるように、企業の長期的な成長の機会を損なっている可能性があります。イノベーション理論の大家であるウィリアム・ラゾニックが指摘する通り、キャッシュフローが配当だけでなく、自社株買い等による株価の値上がりを通じて、株主に移転し、長期投資の資金を留保することや、従業員の貢献に報いることができなくなっているのです。それだけでなく、今では、雇用リストラによって、配当や自社株買いのための資金が捻出されるあり様です。

シンプルな新古典派の経済学の理論に基づけば、ステークホルダーのうち、生産活動において利益を生み出す際に、リスクを負うのは、株主だけとされています。資材の納入業者は、市場で決定された価格で正当な対価を受け取ります。資金を貸し出す銀行は、その対価としてリスクを勘案した利子を受け取ります。場合によっては、担保も設定されるので、リスクはさらに抑えられます。従業員も労働の対価として、賃金を受け取ります。皆、市場で決定された正当な対価を受け取りますが、株主に与えられているのは、それらをすべて支払った後の残余利益の請求権です。残余利益が残るかどうか、極めて不確実なのだから、経営者は、そのリスクを背負う株主の利益を最大化すべし、というのが経済学の教えです。

しかし、それでは、現実の社会を全く反映していないと考える読者も少なくないでしょう。筆者もそう思います。まず、株主は有限責任であって、現実には、株式を売却すれば、企業との関係を簡単に断ち切ることができます。一方で、株主以外のステークホルダーは企業と継続的な取引を行っています。とりわけ、従業員は、これまでもお話しした通り、単に継続的な雇用契約を企業と結んでいるだけではありません。長期的な雇用を前提に、人的資本を蓄積するために労力を払い、革新的な財・サービスを生み出すための多大なリスクを取っていると考えられます。

当初、フリードマン＝ジェンセン原則の「企業経営者の役割は、株主価値の最大化」というのは、企業が創造する新たな付加価値の最大化に企業経営者は専心すべし、といった程度に受け止められていたと思われます。それが、いつの間にか、企業が創造する付加価値のうち、他のステークホルダーの貢献を奪い、長期の企業価値が損なわれてでも、株主が手にする利益を最大化するためのロジックに堕してしまったのではないでしょうか。結局、フリードマン＝ジェンセン原則は「強欲資本主義」を正当化するロジックとなったわけです。

日本でも、２０００年代初頭の商法改正によって、自社株買いやストックオプションが合法化され、米国と同様、近年は、配当の増加だけでなく、株価を引き上げるために、自社株買いが急速に広まっています。株主至上主義のコーポレートガバナンスは、日本の企業価値の長期の成長をむしろ阻害しているようにも思われますが、どうでしょうか。

†本末転倒の受託者責任

なお、先ほど登場したラゾニックらの論考の中に、一つショッキングな話がありました。アクティビスト・ファンドなど一部の株主が、資産運用会社に付与された株主議決権行使を代行する企業を取り込んで、株式市場から不当に利益を抽出している、というのです。

少し難しい話なので、補足すると、資産運用においては、個別銘柄の投資で優劣を競うのではなく、インデックスファンドなど、パッシブ運用を行う運用会社が多数存在します。それが資産運用会社の主流です。

そうした運用会社にとっては、個別企業の分析をしているわけではないため、議決権行使は単に負担になるだけなのに、なぜ米国の規制当局は、受託者責任（フィデューシャリー・デューティ）を果たすべし、として運用会社に議決権行使を義務付けているのか、筆者は長く疑問を持っていました。

受託者責任とは、受益者の利益のためだけに運用会社は職務を遂行する義務を負うことなどを意味しますが、インデックスファンドの運用会社が議決権行使のために経営資源を割いていては、受益者の真の利益にはならないのではないか、と筆者は疑問に思っていたわけです。

実際には、そうした運用会社は議決権の行使を代行会社に事実上、丸投げしているのですが、米国ではその代行会社は集中度の高い寡占《かせん》状態にあり、それがアクティビスト・ファンドに加担する形で、大企業の経営を翻弄しているというのです。受託者責任と言いますが、ラゾニックらの論考が真実なら、本末転倒と言わざるを得ません。

近年、日本でも受託者責任が謳《うた》われるようになり、議決権行使が話題に上りますが、大丈夫なのでしょうか。

✝米国の古き良き時代とその終焉

さて、振り返れば、フリードマン＝ジェンセン原則が確立する前の1960年代までは、米国においても、日本のようなメンバーシップ型ではないにしても、一生涯、同じ会社に勤めるという長期雇用制が大企業では確立していました。確かに、不況時におけるレイオフ（一時帰休）は存在していましたが、それは完全な失職ではなく、厳格な先任権制（シニョリティ制）の下で、好況時には、古くから勤めている順に再雇用されていました。好況期においても雇用コストを抑え込み、株価を引き上げることを目的に、自社株買いの資金を捻出すべく従業員を削減するといった企業経営は前代未聞でした。自社株買い自体が株価操縦として違法でした。

そこでは、利益の多くを配当で社外に流出させることなく、貯《たくわ》えられた利益を原資に、長期投資を行うとともに、長期雇用制による安定雇用の下で、人的投資が行われていました。それが崩れてきたのが1970年代であり、そのタイミングで、米国でも戦間期以降、続いていた高成長が終焉したのです。

高成長の終焉は、ベトナム戦争の泥沼化による財政膨張が大きく影響したと思われますが、当時、リアルタイムでは、全く異なる解釈が行われました。つまり、社会保障制度の拡充など、戦後の社会民主主義的な政策アプローチが行き詰まったから、戦後の高い成長が終焉したのであり、それを取り戻すには、フリードマン＝ジェンセン原則に代表される株主至上主義的なコーポレートガバナンス改革など、新自由主義的な方策が有効と考えられるようになったのです。

現実には、そうした政策が採用された後も高い成長に米国経済が戻ることはなく、むしろ冴えない成長が定着しました。第7章では、なぜ90年代後半以降のＩＴデジタル革命が高い成長につながらなかったのか、ダロン・アセモグルやサイモン・ジョンソンらのイノベーションに関する新しい論考を用いて、詳しくお話ししたいと思います。

3　漸進的な雇用制度改革の構想

†ジョブ型を導入すると一発屋とゴマすりが跋扈

本章の冒頭でお話しした通り、日本型の長期雇用制にある種のガタが来ているのは、紛れもない事実です。とは言え、欧米のジョブ型雇用がその代替案になるとも思われません。ジョブ型雇用は、もともと18世紀後半以降の産業革命期に源流を持つ古臭い働き方であることは既にお話ししました。19世紀末以降、米国に大企業の時代が到来し、長期的な付加価値を創造すべく、1960年代頃までは、多くの大企業は長期雇用の定着を模索していたことも、これまで見た通りです。

また、近年は変容が見られるとは言え、欧州のライン型資本主義の国々は、もともと長期雇用のエンゲージメント（約束）があります。ライン型というのは、ライン川のほとりのドイツやフランス、スイス、オランダなどの国々の資本主義で、米英のアングロサクソン型資本主義と対比した言葉です。とりわけ、マイスター制（親方制）の伝統のあるドイツでは現場が重視され、大企業の最高意思決定機関である監査役会には、株主代表と同数の従業員代表が加わることが義務付けられています。

筆者の外資系金融機関における四半世紀の経験でいうのなら、もし日本企業に現在の米国の典型的なジョブ型雇用を導入すると、恐らくは、一発屋やゴマすり屋ばかりが社内に跋扈《ばっこ》するようになって、長期的な視点での企業経営はまず難しくなるのではないでしょうか。米国流の経営マネジメントを身につけた人物がトップに就けば、利益を確保するための雇用リストラも増えてくると思われます。

本章でこれまでもお話ししたように、新たな財・サービスの供給など、付加価値の創造には、社内における幅広い現場の情報や、顧客に関する深く食い込んだ情報など、暗黙知を含め深い知識が必要ですが、それらの蓄積には、従業員同士の継続的なやりとりが不可欠であり、やはり長期雇用制が必要です。

時代の変化に応じて組織変革を進める場合でも、いかにスマートな人材を外部から幹部に登用しても、現場の情報が十分でなければ、時として、組織を誤った方向に誘導しかねないのではないでしょうか。

†長期雇用制の維持と早期選抜制の導入

日本の長期雇用制の有用性の一つは、上司と部下が、一定の期間内に互いが異動するため、ある人材を企業幹部として選抜する場合、複数の上司の目で、時間をかけて評価できることです。勝者も敗者もすぐには確定させず、敗者復活戦も組み込んだ「遅い選抜」を行うことによって、従業員のモチベーションを維持するとともに、一発屋やゴマすり屋を誤って幹部に登用するリスクを低減させてきました。

とは言え、グローバリゼーションの進展やITデジタル革命によって、以前に比べると、多少早めの選抜が必要になっているのも真実だと思います。人的資本を含め、技術が早いスピードで陳腐化するようになっているからです。

しかし、現実には、近年のグローバル経済環境のそうした要請にもかかわらず、さらに「遅い選抜」になっていました。1990年代前半には、大企業で、例えば課長になるのは入社15年、部長で20年と言われていましたが、経済学者の梅崎修《うめざきおさむ》らの聞き取り調査によると、2000年代以降もそれが維持されているどころか、社会の高齢化もあって、退職年齢が延びたために、課長になるのが20年近く、部長も25年近くになっているということでした。長期雇用制が望ましいと言っても、あまりに「遅過ぎる選抜」となっていることが、企業の成長の機会を奪っているのだと思われます。

それゆえ、もう少し早い段階で現場を熟知した人材を管理職に昇進させることが、日本の産業界の再生につながると筆者は考えてきました。組織変革の指揮もそうした人たちに委ねるべきです。定年を早めるのではなく、選抜を早めるのが肝要です。

近年、日本企業でジョブ型雇用を導入するところが増えているといいますが、本章第1節でもお話ししたように、実際に聞いてみると、それは長期雇用制を維持した下で、「選抜の早期化」を進めているケースが多く、筆者は大変望ましい変革だと評価しています。

また、繰り返しお話ししている通り、日本の長期雇用制そのものは、人材を育成する上で、有用な制度だと考えますが、終身的雇用の下での、幹部登用への「遅い選抜」を前提に、20年以上も社員を競わせるのは、企業にとって、成長の桎梏《しっこく》になるだけでなく、従業員からも、様々なチャンスを奪っているように思われます。

多くの大企業では、同じプールの中から同質的な人材を選ぶ傾向がありますが、ある人物が高いパフォーマンスを生み出すことに成功しているかどうかは、その人の能力や努力だけでなく、実際には、その時の上司や部下との相性、関係性が大きく影響しています。

恐らく、私たちが能力と呼んでいる曖昧な言葉は、上司や部下との相性や関係性に大きく左右されていると思われます。

　一人だけの上司で決めないというのが、日本の長期雇用制の良いところでしたが、そもそも社風に合わず、複数の上司の目からも高評価が得られない場合であっても、他社に行けば、高いパフォーマンスを示す人は少なくありません。実際、筆者はそんなケースを過去多く見てきました。きちんと顧客の懐《ふところ》に入り、筆者が優秀だと評価していたセールスマンの中には、経営層と上手く行かず転職を余儀なくされた人も少なくありませんが、他社に行くと、大活躍し、ぐんぐんとポジションが上がっているのです。やっぱり……。

　職業人として上手く行くかどうかは、そうした偶々《たまたま》の巡り合わせが大きく影響しているのだと思われます。その会社に必ずしも向いていない従業員を「長期雇用制」の名の下に、長く囲い込むことは、外部の組織での再チャレンジの可能性を奪い去っているという点でも、弊害は大きいのではないでしょうか。長期雇用制は有用ですが、再チャレンジが可能なうちに、選抜の結果を示すというのも大事だと思われます。

　何だかエコノミストが語るべき話から大きく逸脱してしまいました。お許しください。

第7章

イノベーションを社会はどう飼いならすか

本章で論じるのは、イノベーションをめぐる死角である。

1　イノベーションは本来、収奪的

†果実の見えないテクノロジー革命

「経済成長には、イノベーションが不可欠である」。この意見に多くの人が賛同するでしょう。筆者も基本的には同意します。ただ、イノベーションは経済成長の必要条件ではありますが、十分条件とは言えないのではないでしょうか。

現に1990年代後半以降、ITデジタル革命が続き、イノベーションは群発してはいますが、その経済的な果実は一部の人に集中したままです。もちろん、世の中が便利になったのは確かです。電車の改札はスマホをかざすだけで済みますし、映画館の座席予約も事前のスマホ決済で終わります。レストランの予約も支払いもスマホ一本で、財布がなくてもすべて事足ります。

外出が嫌いな人も、ネット配信のお陰で、自宅で最新の映画が鑑賞できますし、食事もスマホでケータリング可能です。しかし、経済全体の成長ペースが継続的に高まったという事実は、イノベーションの中心である米国ですら観測されていません。

筆者が大学を卒業した1987年に、経済成長論の始祖で、1987年にノーベル経済学賞に選ばれたロバート・ソローは、「コンピューターの時代はあらゆる所で目にできる。ただ、生産性の統計を除けばの話だが」と愚痴をこぼしました。第5章に登場した新古典派ソロー・モデルのソローです。ソローは、コンピューターの導入で、あらゆるところで生産性が上がったと皆言うけれど、経済統計を見る限り、そうした事実はない、とぼやいていたわけです。戦間期以降、米国では高い成長が続きましたが、1970年代以降、成長は足踏みしていました。

その後、1990年代後半にはITデジタル革命が始まり30年近くが経過しました。このITデジタル革命のお陰で、2000年前後に米国の生産性上昇率は高まり、一時はソローの願いが叶うかと思われましたが、一過性のものに終わりました。

2000年前後のドットコムバブルで、金融市場は「新時代」の到来を期待しましたが、結局、ソローの40年前の観察から事態は大きく変わってはいません。

しかし、2020年代以降、AI新時代の到来によって、今度こそはバラ色の未来が訪れるのでしょうか。上昇傾向の続く米国の株式市場は大きく期待しているように見えます。

†ハラリが警鐘を鳴らしたディストピア

筆者自身は、AI新時代が到来しても、今の方向性のイノベーションのままでは、広範囲に自動化（オートメーション）が進展するだけであって、労働需要は盛り上がらず、結局、多くの人の実質賃金が抑制されるのではないかと、懸念しています。

中国では、AIによる高度な監視技術が発展していますが、それは他人事ではなく、民主主義国家にある私たちの職場でも、労働監視が進み、一段の労働強化が図られるのではないでしょうか。以前はPCの前に座って、仕事をするフリで息抜きする人もいたでしょうが、今では、従業員の一挙手一投足を把握することが技術的には可能であり、既にジョージ・オーウェルの『1984』的な監視社会がすぐそこまで訪れているとも言えます。

また、イノベーションの経済的な果実も、過去30年間と同様、一部のテック起業家に集中し、このままでは、ユヴァル・ノア・ハラリが『ホモ・デウス』で論じたように、デジタル寡頭《かとう》支配が進行するのではないかと筆者は危惧しています。

ハラリが描いたのは、近未来において、生物工学やAIの発展によって、私たちの生体情報がすべてクラウドに蓄積される世界でした。自分の生命情報を提供する人などいない、と10年前は皆考えていたでしょうが、現在、健康を望む人は、筆者もそうですが、アップルウォッチなどのウェアラブルデバイスを使って、喜んでデータをプラットフォーマーに提供しています。

いずれ身体だけでなく、頭脳や精神状況もモニターするようになり、自分以上に自分のことを知るネットワークシステムが誕生して、私たちは気づかないうちに、その支配下に組み入れられます。そう言えば、2024年秋に米国で脳波を日常的に測定するイヤホン型のウェアラブルデバイスが一般向けに発売されました。

人間至上主義の下、人間のためのデータだったはずが、主客が逆転して、データ至上主義の時代が訪れ、同時に、サイボーグ工学の発展で、富裕層は身体や頭脳のアップグレードを繰り返し、神に近い新たな支配階級『ホモ・デウス』が誕生するというのが、ハラリが警鐘を鳴らしたディストピアでした。

ここでハラリの論考に一つ付け加えるとするなら、私たちの創造性の源泉となる限られた「時間」や「関心」が、スマホやタブレット、PCなどのスクリーンにすっかり奪われ、多くの人間が進化ならぬ退化を始めている可能性があることです。既に便利になったカーナビのお陰で、筆者は、地図を見る能力や空間把握能力が失われているのを日々実感していますが、今にスマホ画面の地図アプリなしには、徒歩での目的地への移動も困難になるのでしょうか。6~7万年前の二度目の出アフリカの後、南極を除くすべての大陸に移動したサピエンスの子孫とは思えない末路です。

拙著『グローバルインフレーションの深層』でもお話ししましたが、食べるのに精一杯だった人類は、限られた時間を使って、創意工夫を行い、そのお陰でより長く考える時間を捻出して、さらなる創意工夫を行って進歩してきました。ところがより深刻な問題は、スマホ画面にすっかり「時間」や「関心」を奪われ、考える時間や議論する時間を失い、進歩が滞ることなのです。スマホは私たちを確実に退化させています。

ハリウッド映画『マトリックス』のように、視覚や聴覚だけでなく、他のすべての感覚も現実と区別できない仮想現実の時代となれば、多くの人々はその中に快楽を見出し、気づかぬうちに現代の神たるプラットフォーマーたちに支配されてしまうのではないでしょうか。

†イノベーションの二つのタイプ

閑話休題。話題がすっかり遠い未来にまで飛んでしまいました。本論に戻りましょう。

2024年にノーベル経済学賞に選ばれた3人のうち、経済学者のダロン・アセモグルとサイモン・ジョンソンは、近著『技術革新と不平等の1000年史』において、イノベーションには、大多数の人々に豊かさをもたらすタイプのものと、一部の人々にばかり恩恵が集中して、大多数の人々には、むしろ大きな負担や苦痛を強いるタイプの二つがあると論じています。包摂的なイノベーションと収奪的なイノベーションの二つです。以下、この二人の研究者の論考を基に、イノベーションについて考えていきたいと思います。

日本の経済論壇では、イノベーションを起こせば、イノベーター自身の利益につながるだけでなく、社会全体にも繁栄をもたらす、といった楽観的な見解が少なくありませんが、実はイノベーションのもたらす社会の繁栄は、必ずしも約束されたものではありません。

アセモグルとジョンソンは、歴史を振り返り、イノベーションによって、一部の人が多大な恩恵を受け、多くの人が貧しいままであるどころか、より貧しくなるケースの方が多いことを例証しています。ただ、だからといって、イノベーションそのものを否定しているわけではありません。大事なのはイノベーションの方向性と言います。

筆者自身も、日本の経済成長が乏しいのは、単にイノベーションが欠如しているから、ということだけではないと考えてきました。拙著『成長の臨界』で論じた通り、2000年代のように非正規雇用を活用する収奪的なイノベーションを新たなビジネスモデルとして社会が称賛するなど、イノベーションの方向性を誤ったことが、日本社会を貧しくしてきたのではないでしょうか。

†生産性バンドワゴン効果は働くか

多くの人がイノベーションをポジティブなものと捉えるのは、それが生産性を引き上げて、人々の実質賃金を増やすと考えるからです。多くの人は、それを当然のように考えることが少なくありませんが、本書がこれまで明らかにしてきた通り、この四半世紀の日本では、生産性が上がっても、実質賃金が上がってこなかったことを既に読者は十分に理解しているはずです。

生産性が上がり、かつ、実質賃金も上昇するというのは、アセモグルとジョンソンによると、「生産性バンドワゴン」が上手く働くケースということになります。イノベーションを起点に、（限界）生産性が上昇し、その恩恵が起業家や資本家の所得増加だけでなく、周りのすべての人々の所得増加にもつながるということですが、彼らは、イノベーションが起こったからと言って、常に生産性バンドワゴンが作動し始めるとは限らず、むしろ働かないケースが多数であると論じています。

このバンドワゴンというのは、パレードの先頭を走るきらびやかな飾りを付けたワゴン車（荷車）のことですが、パレードでは、バンドワゴンが動き始めると、皆が連なって、熱狂的な行進が始まります。政治的熱狂や金融バブルのことを、かつては「バンドワゴン効果」などとも呼んでいました。すべてを引っ張って、後続する広範囲の人々の実質賃金の上昇をもたらすから、生産性バンドワゴンと呼ぶわけです。

†平均生産性と限界生産性の違い

生産性バンドワゴンが起こるかどうか。ここで重要なのは、イノベーションがもたらすのが、「平均生産性」の上昇だけなのか、「限界生産性」も引き上げられるのかです。第5章でも少し触れた点ですが、少し難しい話なので、ここで改めて詳しく説明しましょう。

文字通り、平均生産性は、労働者一人当たりの生み出す平均的な付加価値のことです。一方、限界生産性とは、労働者が追加的に1人増えた際に、付加価値の生産がどれほど増えるかを意味します。通常、労働投入量が増えると、限界生産性は低下していくので、追加的な労働需要も低下していきます。しかし、イノベーションによって、限界生産性が高まれば、追加的に生み出される付加価値（儲け）が大きくなるので、経営者はもっと労働投入量を増やそうとします。労働需要が増えるため、実質賃金にも上昇圧力がかかるはずです。

ここでもし、新しい機械の導入によるイノベーションによって自動化が進み、単に労働者数を削減することが可能になるだけというのであれば、平均生産性は上昇しますが、限界生産性は著しく低下することになります。完全自動化で労働力は一切不要になるかもしれません。そうなると、労働需要は低下するから、実質賃金にはむしろ低下圧力がかかることになります。

一方で、機械の導入によって、労働者の能力が強化され、新たな仕事を担うこともできるようになれば、平均生産性が上昇するだけではなく、限界生産性も上昇します。そうなれば、労働需要が増えるので、実質賃金は上昇します。もちろん、あらゆるイノベーションには、多くの場合、自動化の要素が含まれていますが、限界生産性の上昇につながるかどうかは、イノベーションが新たな仕事の拡大と、それに伴う付加価値の増大につながるかどうかに大きく依存します。

労働者を補完し、その能力を高めようとするタイプのテクノロジーなのか、単なる自動化をもたらすだけなのか、というのが大きな岐路となるわけです。実質賃金の上昇をもたらす「生産性バンドワゴン」効果が働くのは、当然にして前者のみ、ということになります。これで、すべてのイノベーションが実質賃金の上昇につながるわけではないことが、ご理解いただけたと思います。

†第一次産業革命も当初は実質賃金を下押し

歴史的に見ても、多くの場合、新たなテクノロジーは、自動化をもたらし、平均生産性を大きく引き上げることで、労働投入の削減によるコストカットを可能にし、そこで得られた収益のほとんどは起業家や資本家が享受してきました。多くの場合、「生産性バンドワゴン効果」は働きません。

18世紀後半に蒸気機関を活用した第一次産業革命が始まった際も、当初は、起業家や資本家にだけ、莫大な収益が転がり込みました。産業革命以前は、家内制手工業の下で、熟練労働者が手作業で製品を作っていました。それが機械の導入によって、熟練労働者は不要になり、未熟練の女性労働や児童労働でも対応できるようになったために、実質賃金はむしろ低下傾向が続きました。

これらの結果、産業革命の最初の100年近くは実質賃金が上昇ではなく、低下していたのです。後ほどお話しするように、1810年頃には、仕事を失い怒った熟練労働者が機械打ち壊し運動を始めました。いわゆるラッダイト運動です。

†実質賃金の上昇をもたらした蒸気機関車網の整備

実質賃金が上昇し始めたのは、19世紀後半になってからですが、そこには、二つの条件が重なったからだとアセモグルとジョンソンは論じています。一つは、蒸気機関車という交通インフラ網が整備されたことによって、大量輸送が可能になったことです。

産業革命と言えば、蒸気機関による「大量生産」と皆、口にするのですが、実は、大量輸送が可能になったことの方が重要です。昔は、大量に作っても、運ぶことができないため、消費地で作る「地産地消」が当たり前でした。それが、大量に輸送することができるようになったため、あらゆる産業で大量に生産することが可能となり、あらゆる産業で労働需要が膨らんだのです。

交通インフラの整備やその運営にも多大な労働力を要するようになりました。また、交通インフラが整うと、旅行需要が生まれ、そのサービスを提供する労働力も必要になりました。海岸近くの街まで鉄道網が整備されると、人々は週末に、日帰りで海水浴に出かけるようになりました。そうなると、海水浴場での様々なサービスを提供する労働力も必要となります。このように、蒸気機関車網の発展で、様々なビジネスが新たに誘発され、労働需要が増大し、実質賃金が上昇するわけです。これが「生産性バンドワゴン」の働いた1870年以降の成長の第一黄金期です。

ちなみに蒸気機関車によって「馬車」が廃《すた》れたと考える人が多いのですが、それは事実ではありません。都市間の鉄道網が整備され、大量生産・大量輸送が可能になると、都市内における貨物需要も急増しましたが、近距離輸送需要の受け皿として、むしろ都市内では馬車需要も急増したことが記録に残されているといいます。馬車が姿を消すのは、後述するように成長の第二黄金期において、自動車の時代が到来したからです。

汎用技術が重要という話だけではない

蒸気機関を使って工場内の自動化が進んだだけなら、平均生産性が高まっても、限界生産性は高まらず、むしろ自動化で限界生産性は低下して、新たな労働需要が生まれることもなかったはずです。前述したように、18世紀後半に始まった第一次産業革命の最初の100年間は実質賃金が低下し、経済格差は急激に拡大しています。しかし、蒸気機関車網の整備を梃《てこ》に、新たなビジネスが多数生み出されたことで、平均生産性が上がっただけではなく、限界生産性も高まったため、労働需要が拡大し、それゆえに、実質賃金が上がり始めたのです。これが生産性バンドワゴンの作動です。

こうした話をすると、様々なところに応用できる「汎用技術」が重要だという話になります。確かに蒸気機関は様々な分野に適用可能な汎用技術であり、それは、成長の第二黄金期における電気の利用も同じで、汎用技術は重要なポイントであると筆者も考えます。ただ、先ほど見たように、週末に海水浴を楽しむというのは、蒸気機関車がそれを可能にしたことではあるけれども、汎用技術とは直接関わりがなく、そうした分野でも、新たなビジネスが誕生しています。それらが労働需要を高めたから、生産性バンドワゴンが働き始め、実質賃金の上昇が続いたのです。

†資本家や起業家への対抗力を高める

生産性バンドワゴンが働き、イノベーションが広く労働者の実質賃金の上昇をもたらすには、もう一つ重要な要素があります。アセモグルとジョンソンによれば、それは、民主化の進展とともに、労働者が団結することで、起業家や資本家に対して、対抗力を得るようになった点です。

第一次産業革命の初期局面では、熟練労働者を不要とする機械を破壊しようとするラッダイト運動が頻発したと述べました。当時、機械打ち壊しに対し極刑が下されただけではなく、そもそも、労働者が集団で行動することは違法とされていました。勝手に集まることも違法でした。ちなみにラッダイトは、ネッド・ラッドなる労働者の幻のヒーローに由来しますが、実在の人物ではないとされています。

その当時の労働者の権利は極めて弱く、仮に限界生産性を高めるテクノロジーが生まれ、労働需要が高まっても、労働者には何のメリットもありませんでした。過酷な長時間労働が横行したというのは、限界生産性が高かったということの現れです。しかし、経営者は実質賃金の引き上げには応じず、作れば作るほど儲かるため、労働時間だけが延長され、逆に労働者はギリギリまで追い込まれました。それが、暴力沙汰が続いた原因でもありました。

しかし、貪欲な資本家や起業家に対して、団結して労働者が対抗力を示すようになったから、起業家や資本家も、そして社会全体も、単に自動化によるコストカットで労働者を追い詰めるだけのイノベーションを志向することが不適切だと考えるようになっていったのです。

児童労働や長時間労働は不公正なものであると考えられるようになり、また、民主化が進み、労働者の団結が法的に許されるようになりました。その延長線上で、包摂的なイノベーションを社会が求めるようになったことが、労働者の能力を補完するイノベーションを生み、新たなビジネスの拡大につながったわけです。

よく考えれば、労働者が高い実質賃金を得られるようになったから、週末に皆が蒸気機関車を使って海水浴に行くようになったわけです。生産性が上がっても、実質賃金が増えないために、個人消費が回復しない現在の日本と対照的ではないでしょうか。

このほか、成長の第一黄金期には、大企業が誕生し始め、発明を目的とした産業研究所が誕生するようになります。発明王エジソンの研究所を思い起こしますが、1870年代以前は、発明は単発的なものであり、発明そのものを目的とする組織が生まれたことがイノベーションの群発につながったのです。

一方で、大企業の出現は、独占や寡占の出現にもつながります。価格カルテルの禁止や、独占による市場支配の回避、不公正な競争行為の禁止のほか、場合によっては露骨な独占企業の解体を可能とする反トラスト法（シャーマン・トラスト法）が1890年に制定されました。独占行為や寡占行為を禁じたことも、社会が包摂的なイノベーションを求めるようになったことの証左だと思われます。

†戦後の包摂的なイノベーション

成長の第二黄金期は、米国では1920年代〜1930年代の戦間期にその萌芽が見られますが、多くの先進国で、第二次世界大戦後に始まりました。第二次産業革命が高い経済成長をもたらしますが、それが可能になったのは、様々な包摂的な要素が内包されていたからです。

まず、それ以前の蒸気の動力に代わって、電気が広く活用されるようになったため、さらなる大量生産が可能となりました。蒸気機関の場合、工場内の一つの動力源から分岐して、すべての機械を動かす必要があるため、工場内の機械の配置などに、相当大きな制約が課せられていました。動力が電気に代わると、それぞれの機械が分散した動力源を持つことが可能となるため、工場内で生産効率の良い機械の配置を行うことができるようになったのです。

また、電気の普及で、工場内に照明が設置されるようになり、労働者は正確な作業が容易になりました。かつては、エネルギーを得るために、工場内で化石燃料を燃やす必要があり、健康上の理由から、照明の設置も限られていました。手元が見やすくなって、工場内の事故が減っただけでなく、化石燃料の燃焼も減ったため、労働環境も安全面、衛生面、健康面で著しい改善が見られました。

†自動車産業の勃興のインパクト

電気という動力源を利用して、工場にベルトコンベヤーを導入し、効率的な大量生産を進めた代表格が自動車産業です。ヘンリー・フォードは初の大衆車であるT型フォードの生産において、労働者のモチベーションを高めるために、当時の相場からすると、破格の高い賃金を提供し、欠勤率や離職率を大きく引き下げたことで有名です。経済学では、モチベーションを高めるために相場よりも高く支払われる賃金を「効率賃金」と呼びますが、労働者の貢献に報いることが、欠品の少ない自動車の大量生産の成功につながったのです。日本の大企業経営者も見ならってほしいものですね。モータリゼーションの時代の到来は、かつての蒸気機関車と同様、鉄などの素材産業の発展をもたらしただけでなく、社会そのものを大きく変え、様々なビジネスの誕生につながりました。

まず、ハイウェイ網という新たな交通インフラを整えるために、多くの労働力を必要としましたが、その後、新たな街が多数建設され、新たなショッピングモールも作られていきました。様々な分野で、新たな大量の労働力が必要になったことは、想像に難くないと思います。

また、それ以前に労働者と言えば、多くの場合、肉体労働者を意味していましたが、大企業の時代が到来することで、多数のホワイトカラー職や事務職、エンジニアリング職が誕生しました。社会経済の規模が大きくなれば、それに伴って、政府の規模も大きくなり、大量の公務員も誕生しました。何でも削減しようとする現代社会とは全く逆です。

このようにイノベーションによって自動化が進み、単に平均生産性が上がっただけでなく、新たなビジネスが生まれ、限界生産性が大きく向上したため、労働需要が大きく膨らみ、実質賃金の上昇が続いたのです。

イノベーションが高い成長率と高い実質賃金を生み出す生産性バンドワゴンの時代は、1970年頃まで続きました。ここまでが成長の第二黄金期ですが、ハイウェイ網の整備と並んで、電気を利用した電信・電話などの通信インフラが整備されたことも付け加えておきたいと思います。

電信・電話設備の建設やその運営においても、多くの労働力を必要としましたが、戦後長らく、電話交換手と言えば、女性の労働力を吸収する花形職種でした。また、通信インフラによって、国内外の遠方の情報をリアルタイムで入手できるようになったため、国際貿易にかかわる新たなビジネスが生み出され、さらに大きな労働需要が生み出されました。

成長の第二黄金期の最後に登場したのが、マイクロエレクトロニクス技術です。半導体やトランジスタなど小型化・高集積化された電子部品を使った電子機器の生産技術を意味しますが、通信機や家電、医療機器、通信インフラ、ロボットなど、現代社会の基盤となるテクノロジーがこの段階から走り始めました。1990年代後半以降のITデジタル革

欧米では低スキルの移民の増加も加わったことで、実質賃金が低く抑え込まれ、機械化によるサポートは遅れたままです。本来、機械化・自動化されるべきところは、逆に人件費があまりに低いため、それが進まず、中間的な賃金の仕事ばかりが失われているのです。その結果、恩恵は、上位の所得階層に向かいます。

このように、イノベーションは、高いスキルをもった人に有利なものばかりとなりました。経済学では、過去四半世紀、ローレンス・カッツらを嚆矢《こうし》とする「スキル偏向型の技術革新」論を用いて、さも当然の結果のように、高スキルの労働者に有利なイノベーションが続いてきたと説明してきました。果たしてそれは不可避だったのでしょうか。

アセモグルとジョンソンによると、中間的な賃金の仕事で自動化が進んでも、現実には、「そこそこの生産性上昇」しか起こっていません。人件費の削減によって、莫大な利益が起業家や資本家の懐《ふところ》には転がり込んでいるものの、単にヒトを機械で置き換えるだけなので、経済全体で見ると、全要素生産性の改善もごくわずかなものに留まっているといいます。

そもそも、本当は置き換えが上手く行っているわけでもありません。人間の行動は、周囲の環境に対応したフィードバック・プロセスに基づいたものであり、微妙な対応が可能です。しかし、ＡＩを含めてＩＴデジタル技術にはそれができないため、実際には、人間が行う業務の一部を代替するに過ぎません。このため、ＩＴデジタル革命によって、限界生産性の上昇が起きていないだけでなく、平均生産性や全要素生産性についても、そこそこの改善しかもたらされていないのです。

コロナ禍をきっかけにした人手不足も加わり、現在、米欧では無人レジなどが広範囲に導入され、日本でも追随する動きが広がっています。人件費の削減によって、企業は利益を大きく増やすことができても、「そこそこの生産性上昇」である限りは、経済全体でのメリットも極めて限定的ということです。

†イノベーションのビジョンとフリードマン・ドクトリン

しかし、なぜＡＩ新時代が到来するというのに、自動化など、人件費抑制のためのイノベーションばかりが追求されるのでしょうか。ここで重要なのは、イノベーションの方向性は、最適なものが外生的に決定されるのではなく、経済的、社会的、政治的な選択によって、それらが決定されているという点です。さらに社会的な課題をどのように解決するのかという私たちの「ビジョン」がその選択に大きく影響します。

第1節でお話しした通り、当初は収奪的だった第一次産業革命が、19世紀後半に大きく変貌し、イノベーションの成果を幅広い人々が享受するようになったのは、イノベーションそのものが適切な方向に向けられ、その利益を社会全体で共有する包摂的な仕組みが整えられたからでした。

しかし、1970年代末以降、先進各国では、逆にその包摂的な社会制度の解体が始まりました。アセモグルやジョンソンだけでなく、経済史家のブラッドフォード・デロングも近著で同様の意見を述べていますが、そこで社会に強い影響力を持った一人が、シカゴ学派の経済学者であるミルトン・フリードマンの言説でした。皆さんは、第6章に登場した「企業の社会的責任は利益を増やすことである」というフリードマン・ドクトリンを覚えているでしょうか。当時の米国ビジネス・ラウンドテーブルは、フリードマンの言説に飛びつき、従業員やコミュニティなどステークホルダーの利益を軽視する社会傾向にお墨付きを与えたという話でした。

従業員の利益を守るために、本来であれば起業家や資本家の対抗力となるはずの労働組合は、フリードマン・ドクトリンを前提にすると、企業の社会的責任である利益追求を阻害する要因になるため、その存在自体が不適切ということになりかねません。

実際、米英など保守政党が政権を握っていた国では、労働組合は経済効率性の改善に邪魔な存在だとして、1980年代には、陰に陽に、その影響力を削ぐ政策が進められました。理由はともあれ、日本でも労組の力を削ぐような政策が中曽根《なかそね》康弘《やすひろ》政権の下で進められました。

ミルトン・フリードマンが経済社会全般に強い影響力を持つに至ったのは、1979年のローズ夫人との共著『選択の自由』を通じて、というべきかもしれません。筆者は1983年に大学に入学しましたが、その時、既に日本でも経済学部生の必読書となっていました。

そこでは、①自由市場は最も効率的な経済システムであり、②政府の過剰な介入は、市場の非効率性や腐敗を生み、③個人が自由に選択する権利を保障することが社会の繁栄につながること、が論じられていました。納得のいく論考ですが、同時に、公害などのような「負の外部性」は比較的小さく、政府による規制で対応するより、私的契約での対応や不法行為法で取り締まる方が望ましく、また、市場経済そのものは、概ね平等な所得分配をもたらす傾向があり、社会民主主義的なアプローチよりも望ましい成果をもたらすとも主張されていました。

†具体案を提示したのはマイケル・ジェンセン

米国の大企業経営者の、目が飛び出るほどの高額報酬を可能にしたという点では、エージェンシー理論を武器に、企業経営者の報酬を株価に連動させるのが望ましいとした経済学者のマイケル・ジェンセンにも再度登場してもらう必要があります。理論の正しさはともあれ、現実には、ジェンセンの論考は、経営者が自らの報酬を高めるべく、短期的な株価上昇を狙って、長期的な企業価値の成長やステークホルダーの利益を蔑《ないがし》ろにするための言い訳にされたことは、第6章でもお話ししました。

株式オプションなどを与えられた企業経営者は、株価の上昇で多大なメリットを得られるわけですから、利益を増やすために雇用リストラを断行し、そこで得られた資金を長期投資に充てるのでもなく、配当の支払いに充て、さらに株価を引き上げるための自社株買いの資金に回したことも、既にお話ししました。そうした行動は経済学的に正しいのだと、アカデミアがお墨付きを与えたのですから、企業経営者は良心の呵責《かしやく》に耐えることも可能だったのでしょう。

このように、フリードマンが企業の社会責任を株主価値の最大化に限定する理論を提供し、ジェンセンがより具体的なインセンティブメカニズムを提案したというわけです。

†成長の下方屈折とその処方箋

その頃、ミルトン・フリードマンらの新自由主義的な政策が広く受け入れられたのは、先進各国で経済成長が下方屈折したという背景がありました。米国では戦間期から、そして米国を除く先進国では第二次世界大戦後に、成長の第二黄金期が始まったと述べましたが、そこでは、あまりに上手く行き過ぎたことが仇《あだ》となりました。

というのも、戦間期に実用化された軍事技術が広く民生転換され、新たな財・サービスが多数登場したことや、また、特に欧州や日本では、戦時期に破壊された資本ストックが再蓄積過程に入ったこともあって、第二次世界大戦後は、例外的に高い成長が可能となったからです。

日本では、戦後の高成長を「高度成長期」という名前で呼んでいますが、フランスでは「栄光の30年」と呼ばれています。例外的な30年ではありましたが、30年も続くと、それが当たり前だと、皆考えるようになりました。

振り返れば、それでも1970年代は決して低い成長ではなかったのですが、多くの国では、戦後に比べて冴えない成長の犯人探しが始まり、その犯人とされたのが、雇用保障や適正な賃金、政府の役割を重視する社会民主主義的なアプローチだったということです。本章第1節でお話ししたように、歴史を踏まえるなら、労働者が団結し、起業家や資本家に対して対抗する力や手段を持つことで、包摂的なイノベーションが生み出されたはずです。また、それが限界生産性の上昇をもたらして、労働需要を高め、広範囲な人々の実質賃金の上昇を可能とする生産性バンドワゴン効果を作動させるための条件でもありました。

しかし、フリードマンらは、むしろそれらが行き詰まって、高い成長が不可能になったのだと論じ、自らの利益が膨らむと期待した経済エリートは皆、その見解に飛びつきました。解決策として提示された政策が、むしろ生産性バンドワゴン効果をストップさせたために、高い成長はますます遠のくことになったわけです。

†ノーベル経済学賞の反省?

2024年のアセモグルやジョンソン、ロビンソンらに限らず、近年のノーベル経済学賞は「社会包摂」を強く意識させる研究が選ばれているようにも見えます。2019年は、貧困削減のためのランダム化比較実験を提唱したアビジット・バナジーやエスター・デュフロ、マイケル・クレーマーらが選ばれました。先進国において、確実に成長を高めるための方策は、経済学的には分かっていない、と第1章で語ったあのアビジット・バナジーです。2023年には、女性の労働参加や男女の賃金格差を分析したクラウディア・ゴールディンが選ばれました。

こうした研究を見ると、単なる偶然ではなく、ひと頃の新自由主義的な路線への経済学界の反省も込められているようにも思われますが、どうでしょう。

また、イノベーションの方向性を社会のビジョンが決めるというアセモグルやジョンソンらの論考は、複数の均衡が社会には存在し、市場メカニズムによって均衡が一意に決まるわけではないことを意味しています。つまり、初期条件や偶然の出来事が重要な役割を果たしていて、その後の進展に大きく影響するという「経路依存性」が相当に大きいということです。そのことは、現実の経済を分析する際に、歴史や制度が極めて重要であることを意味します。20世紀初頭まで経済学は政治経済学と呼ばれ、哲学や歴史学、法学、心理学などと一体の学問でした。私たちが直面する問題の解決には、社会科学の再統合が必要だと思われます。

†経済政策の反省

過去四半世紀に日本をはじめ先進各国で取られてきた経済政策についても、再検討の余地があると思われます。例えば、設備投資が増えれば、生産性が高まる、あるいは、乗数メカニズムで実質GDPが増えるというような単純な考えからか、経済資源として、労働力よりも資本（生産設備）を多用することを促す様々な政策が取られてきました。具体的には、資本設備の加速度償却や設備投資への租税特別措置、設備投資への補助金等々、今も多くの国でそうした政策が採用されています。

しかし、導入されたテクノロジーが単に自動化や省力化をもたらすだけであれば、これまでも見てきたように、平均生産性を引き上げるとしても、限界生産性を低下させ、労働需要を抑制する可能性があるため、むしろ実質賃金の低下圧力となり得ます。しかし、設備投資を増加させれば、生産性が上昇し、実質賃金が高まるから、設備投資を優遇すべしという意見を繰り返すエコノミストは今でも少なくありません。そう言えば、アベ政策の「第三の矢」も「民間投資を喚起する成長戦略」でしたが、「限界生産性を高める成長戦略」とか、「実質賃金を上昇させる成長戦略」とすべきだったのではないでしょうか。

ここで、筆者がずっと気になっていたのは、資本から得られる所得を優遇することで、労働から得られる所得を不利にしているのではないか、ということです。資本所得、労働所得に対する税負担率を見ると、1970年頃までは、資本の税負担はかなり高い水準が維持されていました。しかし、経済学者のエマニュエル・サエズとガブリエル・ズックマンらの分析によれば、1970年代半ば頃から、米国では、資本からの所得に対する税負担率が大きく低下し始めた一方で、労働からの所得に対する税負担率は上昇を続け、2010年代には逆転しています。

社会保険料は一種の労働所得への課税ですが、それを労働所得への税負担としてカウントすると、1990年代半ばには資本課税との逆転が既に起こっていました。言うまでもなく、資本所得を優遇すると、当然にして企業は資本をより使うことになり、その結果、労働力を節約することになります。平均労働生産性が上がるだけなら、労働需要は減退し、実質賃金が抑えられるというのは、これまでも見た通りです。このように資本を優遇する政策を採用するということは、意図はしていなくても、結果的に、労働を不利にし、実質賃金を抑える政策を採用している可能性がある、ということなのです。

政策を論じる際には、平均生産性を上昇させるかどうかではなく、(労働需要の増加を意味する）限界生産性の上昇につながるかどうかで判断する必要があります。

†野生化するイノベーション

現在のＡＩ新時代の頂点に立つテクノエリートは、１９８０年代のミルトン・フリードマンよりも、はるかに大きな影響力を社会に与えているように思われます。第二期トランプ政権に入ると、イーロン・マスクが新たな皇帝となるのでしょうか。彼らは、ＳＮＳなどを通じて、自らの利益拡大につながるテクノロジーが社会全体の望ましい方向性と一致していると論じ、自分たちに有利な社会の仕組みを作ろうとしているようにも見えます。

テクノエリートらは、幅広い人々からも強い支持を得ており、デジタル寡頭体制が利益を独占することに異論を唱えるのは容易ではありません。この問題を理解する欧州の政治家は、「デジタル小作人」の状況に自国民が甘んじることを避けるため、早くから対抗措置を取ろうとしてきました。しかし、ＧＡＦＡＭの母国である米国だけでなく、日本においてさえ、政治リーダーは、テクノエリートのビジョンに強く感化され、自国民を「デジタル小作人」化しかねない政策を喜んで受け入れてきたように見えます。

極めて興味深いのは、第一次産業革命前夜の18世紀初頭の英国では、前世紀に勃発したピューリタン革命など内戦期の混乱によって、下位中間層出身の人々の中から、一獲千金を狙った多数のイノベーターが出現した点です。近世の科学技術の発展が背景にあるかと思いきや、第一次産業革命の担い手たちは、貴族でもなく宗教関係者でもなく、象牙の塔とも無縁の実学をベースにした人々でした。実践を基に、下位中間層から頭角を現し、経済力を得た彼らは、最大の称賛に値すると思われます。

庶民の中から登場したというのは、19世紀末から出現し始めた米国のコングロマリットを生み出した人々とも共通し、また現代のテクノエリートの一部にも当てはまります。ただ、彼らは、莫大な利益を手に入れたものの、その過程で、決して包摂的なイノベーションを志向することはありませんでした。元祖「効率賃金」を労働者に支払ったヘンリー・フォードは別でしたが、多くは、貧しいかつての同胞に高い実質賃金を支払うのではなく、安い実質賃金で酷使することにより、自らの利益を追求しました。テクノロジーが限界生産性を引き上げるケースにおいてさえ、まだ労働者の権利が十分に認められていなかったことに付け込んで、実質賃金を引き上げることなく、ただただ労働時間を延長して、労働者から搾り取りました。

筆者は、だからイノベーションが問題なのだ、と言っているわけではありません。イノベーションの本質は、そもそも荒々しい野性的なものなのであって、私たち自身が適切に方向性をコントロールしなければ、収奪が進み、社会は不安定化するだけです。

1990年代後半以降に生み出されたテクノロジーが経済全体の繁栄をもたらしていないのは、1970年代以降、私たち自身が包摂的な社会制度を徐々に内側から掘り崩し、収奪的なイノベーションを許容するようになったからではないでしょうか。野性的なイノベーションを社会が飼いならす必要があります。

†収奪的だった農耕牧畜革命

イノベーションの本質を考えるには、1万2000年前の農耕牧畜革命を振り返るのが良いかもしれません。農耕牧畜革命が始まった際、一人当たりの栄養摂取量で見ると、狩猟採集生活に比べて改善したわけではありません。むしろ悪化しました。

それ以前の狩猟採集生活の下で、人類は1日数時間の労働を行い、比較的自由かつ平等な社会生活を営んでいました。数時間働いた後は、食べて飲んで、歌って踊って暮らしていたようです。

農耕牧畜革命後、平均産出量も限界生産性も上昇しました。多くの人々は長時間、働かされることになりましたが、恩恵のほとんどは支配層が収奪し、栄養摂取量はむしろ低下して、生存ギリギリの状況が続きました。そうした状況は、近世が訪れるまで、ほとんど変わりませんでした。

つまり、農耕牧畜革命という人類最初の画期的なイノベーションが起こった際も、結局、恩恵を享受したのは一部の支配層だけであって、多くの人は収奪され、むしろ貧しくなっていたのです。農耕牧畜生活は安定しているのだと、集団の指導者に説得され、多少の安定性にからめとられて農耕生活を続けていると、抜け出せなくなり、気が付いてみれば、身分制度の底辺に組み込まれていたということでしょうか。

もちろん、農耕牧畜革命後の支配層の誕生は、国家の誕生につながり、産出量を管理するために、文字が生まれ、度量衡の制度も生まれ、文明が発達しました。このようにテクノロジーと経済格差は、常に裏腹の関係にあるのです。

†AI新時代の社会の行方

さて、ＡＩ新時代の到来で、私たちの社会は今後どこに向かうのでしょうか。既に中間的な賃金の仕事は減少し、高い賃金の仕事と低い賃金の仕事に二極化していますが、ＡＩ

革命による自動化は、比較的恵まれている上位中間層が就くホワイトカラーの仕事を侵食し始めています。ホワイトカラー業務であっても、定型的なものは、ＡＩやソフトウエアに徐々に代替され始めていますが、非定型的な業務であっても、今後、一部は生成ＡＩによって、置き換えられる可能性があります。

また、米国では、コロナ禍をきっかけにリモート技術が一気に普及しましたが、ＡＩで代替できない高度で非定型的なホワイトカラー業務についても、オフショアリング（海外シフト）が始まりつつあります。かつては、製造業の製造工程が海外にシフトするオフショアリングが起こり、中間的賃金の仕事が失われました。今度はホワイトカラー業務のオフショアリングです。リモートワークが定着し、オフィスに必ずしも出社する必要がないのなら、実質賃金の高い米国人のホワイトカラーを雇わなくても、リモート技術によって、高い教育を受けた優秀な新興国のホワイトカラーに業務を担わせれば、安上がりで、何ら問題はないと多くの経営者は考え始めているのだと思われます。

もちろん、私たちは、ＡＩなどのテクノロジーを自動化やオフショアリングではなく、労働者を補完して、より高度な業務を行うためのサポートとすることが可能であることを、これまで繰り返し述べてきました。既に教育や医療診断では活用が始まっていますが、それ以外にも、広く適用できるはずです。バーチャル・リアリティ技術も働く人の能力を高め、限界生産性を引き上げることが可能だと思われます。また、製造現場で長年培われてきた暗黙知をＡＩ化できれば、ベテラン指導者の揃った生産現場が再現され、労働者の能力を高めることが可能となるのではないでしょうか。

しかし、現実には、コロナ禍後、人手不足で膨らんだ雇用コストを削減し、目先の利益を追求するために、ＡＩやリモート技術が活用されているように見えます。それでは、自動化技術を企業経営者に売り込むテクノエリートの思う壺ですが、誰しもが日々の仕事や生活に精一杯で、イノベーションの正しいビジョンを考える暇もゆとりもないということでしょうか。

†既存システムの限界

『成長の臨界』でも詳しく論じた点ですが、19世紀後半や戦後に、例外的にテクノロジーが人々を繁栄に導いた理由の一つには、当時、エネルギーシステムだけでなく、輸送システムと情報通信システムのいずれもが大きく変貌したことも影響しています。この三つの社会システムが一斉に変わる時、社会は一大変革を迎えていました。

簡単に振り返ると、19世紀後半は、石炭火力による動力で新たなエネルギーシステムが確立され、蒸気機関車網の整備によって運輸システムが刷新され、郵便網と電信網の整備で情報通信網が整いました。20世紀前半には、電気を中心とした新たなエネルギーシステムに移行し、自動車（内燃機関）を中心とする輸送システムが再構築され、電話網とテレビの普及で情報通信システムが刷新されました。

今回、私たちが新たに経験しているのは、情報通信システムがすべてインターネットシステムに刷新されたことです。その延長線上であるＩｏＴ（モノのインターネット）を使って、エネルギーシステムを再生可能エネルギーを中心とする自律分散型に移行し、輸送システムも自動運転網システムに新たに置き換える姿が見え始めています。

システムの整備・運営には多大な労働力の投入が必要ですが、完全に新たなシステムが登場するわけではないため、情報通信システムがインターネットシステムに置き換わった程度のインパクトであるのなら、今後のエネルギーシステムや輸送システムの変革のインパクトも限られるのでしょうか。

ただ、２００年に一度の大変革が起こるとも考えられます。第一次産業革命以降、私たちは会社や工場に毎日出社するのが当たり前でしたが、リモートワーク革命で、毎日出社しなくなるのが当たり前になるとすれば、大都市に集積することの魅力も低減します。ライフスタイルも劇的に変化し、環境のよいコンパクトシティが選好されるようになり、その建設過程で大きな労働需要が発生する可能性があります。この場合、運輸システム、エネルギーシステムも大きく変わる可能性があるでしょう。

いや、そうした変革の際、人類が自然を支配するという「進歩の時代」の発想のままでいれば、地球温暖化は止まらず、人類絶滅どころか、地球が六度目の大量絶滅期に至る可能性があります。既に世界中で熱波や旱魃《かんばつ》、洪水、森林火災が毎年繰り返すようになり、温暖化による気候変動は、もはや閾値《しきいち》を超え、人類にとって制御不能な領域に入りつつあるようにも見えます。

文明史家のジェレミー・リフキンが警告するように、地球環境を元の状態に復元するのはもはや困難であり、野生化し猛威を振るい始めた地球環境に人類が適応していく必要もあります。人類が生き延びるには、強欲資本主義の終結だけでなく、統治や分配の仕組みも変えていく必要があります。

†付加価値の配分の見直し

筆者自身は、イノベーションの方向性やビジョンを考える際、アイデアが生み出す付加価値の帰属も見直すべきだと常々考えてきました。あらゆるアイデアは、過去のアイデアの蓄積から生み出されたものです。それゆえ、新たな独自のアイデアであっても、それが生み出す付加価値をすべて独占することは許されないのではないでしょうか。

優れた才能があっても社会から授かる教育や援助なしには開花しないのなら、自らのアイデアで生み出したものであっても、自分だけのものとは言えないはずです。強欲資本主義から転換するには、イノベーションの方向性を変えるとともに、そもそもイノベーションの果実の分配を見直すことが必要です。

また、人新世《ひとしんせい》（アントロポセン）の時代においては、「所有」という概念そのものを見直し、所有権には、必ずしも所有物を自由に処分する権利が含まれてはいない場合があることを確認する必要もあります。自分のものだからと言って、経済資源の費消を自由勝手に許せば、前述した通り、人類の存続そのものが危うくなります。

そうした点で、我々が当然視してきた「所有権的個人主義」についても、その行き過ぎた解釈を改める必要があります。自らの労働が生み出したものは自らの所有物というジョン・ロックに始まる労働所有論は、その後の18世紀末の市民革命において、身分制打破の契機となり、近代社会の礎となったのは事実です。

この至極まっとうな主張は、新自由主義の下で、市場至上主義と合わさり、行き過ぎが生じたことは、これまでも見てきました。人は所有物を自己の延長と捉えて、特に個人を尊重する欧米では、占有者を重視して、対象物を支配する人を尊重します。ただ、相互依存的な社会のアジアでは、歴史的に、必ずしも個人の所有権を重要な要素とは見なさず、時として、コミュニティ（社会）が所有するという考えをつい最近まで持っていました。発想の転換のハードルは、さほど高いわけではないかもしれません。

いや、西洋においても、例えば、啓蒙時代の思想家であるエドマンド・バークは、社会が過去、現在、そして未来の人々の共同事業であって、現代の世代が自由気ままに扱ってよいわけではないことを喝破していました。臨床哲学者の鷲田《わしだ》清一《きよかず》が『所有論』で構想するように、次世代に受け継ぐために、保全するという「受託」という概念が「所有」には含まれていることを、我々はもう一度見直す必要があると思われます。

†反・生産性バンドワゴンを止めよ

振り返ると、日本で1990年代後半以降に観測されてきたことは、「反・生産性バンドワゴン」とも言うべき現象だったように思われます。ITデジタル革命による自動化とグローバリゼーションによるオフショアリングで、日本でも、中間的な賃金の仕事が失われました。中間的な賃金の仕事を失った人々が、賃金の低い仕事に流れ込んだため、実質賃金にはさらに下押し圧力が加わりました。

世界的に、そうした人々をサポートするテクノロジーやイノベーションが生まれなかったのは、私たちが包摂的なイノベーションを志向しなかったからです。不可避だったわけではありません。

欧州では、人々が高い賃金の仕事を得られるよう、人的資本を高めるべく、教育訓練のための公的サポートが確立しましたが、日本では、そうした努力はゼロではなかったものの、やはり限定的でした。長期雇用制の枠外にいる人には、失職時に、国が提供する教育訓練の受講を条件に、手厚いサポートを行う積極的労働市場政策を始めることが必要だったはずです。

何もしないどころか、日本政府は、2000年代に、増大する高齢者の社会保障費の財源を現役世代の社会保険料で賄《まかな》ったため、意図せずして、非正規雇用依存を助長したことも見てきました。社会保険料の増大で、正社員の人件費が重くなったために、企業経営者は非正規雇用にますます頼るようになったのです。

欧州では、働き方にかかわらず、企業が社会保険料を負担してきましたが、日本では、非正規雇用の増大を横目に、被用者皆保険を導入する機運は、産業界の反対によって、人手不足が深刻化する近年までなかなか盛り上がりませんでした。そうした環境の下で、新たに成長分野として誕生したのは、労働コストの低い非正規雇用を大量に利用して、安価な財・サービスを提供するビジネスであり、筆者がダークサイド・イノベーションと呼んだものでした。

労働者を収奪して儲けるビジネスモデルが横行したという意味で、生産性バンドワゴン効果が働かなかっただけでなく、反・生産性バンドワゴン効果が働いたというべきではないでしょうか。そうした貪欲さがイノベーションの本質にあることに、私たちは気が付かなかったのです。

少子高齢化で人手不足が深刻化している日本では、ＡＩやロボティクスがもたらす自動化や、事実上の低スキル移民を喜んで社会が受け入れています。しかし、移民を含めそれらのイノベーションは、これまで見てきたように、再び実質賃金を抑える要因になりかねません。目の前の利益と、目の前の人手不足にばかり関心を奪われて、そのままの形で無批判に受け入れると、とりわけ長期雇用制の枠外にいる人々を苦しめ、日本社会はますます貧しくなるばかりです。気が付けば、社会の分断が広がり、政治の液状化が進んでいた、ということになりかねません。

まずは、生産性が上がらないから実質賃金を上げられないと繰り返すのを止めましょう。それは真実ではありません。また、イノノベーションは本来、野性的で、収奪的でありますが、それを否定するのではなく、社会が飼いならすための包摂的な制度作りが必要です。

おわりに

2022年に上梓した『成長の臨界』は、広く言えば日本経済論ですが、そこでは、日本経済の問題だけではなく、先進国経済が共通の課題を抱えて、足踏みしている姿を論じました。具体的には、1990年代後半以降のグローバリゼーションやITデジタル革命によって、高い賃金の仕事と低い賃金の仕事に二極化し、中間的な賃金の仕事が失われていることの影響などです。

ただ、欧米では、中間的な賃金の仕事の減少によって、中間層が瓦解し、中道左派や中道右派の政党が退潮、変質しています。日本だけは、そうなっていませんでした。政権を担う自民党と公明党の組織力が伝統的に強いことも影響していますが、政党組織の高齢化が進めば、米欧と同じように日本も政治の液状化が始まるのか。それが筆者の疑問でした。日本経済の長期停滞には、所得分配の歪みが大きく影響していると考えてきたため、政治に影響が現れないはずはないと考えていたのです。

そんな問題意識を持ち始めた頃、筑摩書房ちくま新書編集部の編集長である橋本陽介さんから、一般の読者向けに、新書を書いてみませんかというお誘いを受けました。金融市場参加者や政策当局者、あるいは学会など、専門家と呼ばれる人たちを相手に長く仕事をしてきたため、上手く行くかどうか少し不安でしたが、新たなチャレンジに取り組んでみることにしました。

本書に度々登場するダロン・アセモグルやジェイムズ・A・ロビンソン、サイモン・ジョンソンらの論考が、日本経済の長期停滞を考える上で大きなヒントになるのではないか、一般の読者にも広く紹介できないだろうかとも考えていました。そう言えば、彼らは、一般向けの書籍を執筆し、世界的な大ベストセラーになっています。少しでもあやかりたいと思いました（笑）。

アセモグルらの論考に興味を持っていたのは、もう一点理由があります。『成長の臨界』で、産業革命が始まった最初の100年間は実質賃金が全く上がらなかったことと、1990年代半ば以降のITデジタル革命でも、恩恵が一部の人に集中していたことから、筆者自身、イノベーションの本質は収奪的であり、社会が飼いならす必要があるのではないかと、以前から考えていたのですが、彼らは近著で見事にその点を理論的に整理していました。

そんな切り口で、夏季休暇に入る前から執筆を始めましたが、その矢先、政治や社会において日本でもタガが外れたような現象が様々なところで観察されるようになりました。当初は、もし米欧のような政治状況に日本が陥るとすれば、下位中間層へのクッション等を全く準備しないで、高等教育重視の政策や移民政策を推進することだろう、と仮説を立てていたのですが、政治的な液状化に向かって、何だか歯車が急に回り始めたような気がしてきました。

この背後にあるのは何なのか、再びここで本書の内容は繰り返しませんが、米欧の高等教育重視政策や移民政策の副作用は一旦棚上げし、とりあえず、既に日本で進行中の問題に絞って何とか本書を書き上げた次第です。当初、想定したすべてを書き尽くすと、前著の『グローバルインフレーションの深層』と同様、新書サイズでは収まらない分量となってしまうおそれがありました。

本書の作成の過程では、様々な方から、重要な示唆をいただきました。

まず、神田眞人前財務官が主宰された国際収支に関する懇談会、東京大学の教養学部向けの牧原出ゼミ、同志社大学の吉田徹ゼミと尚美学園大学の小林正英ゼミの合同勉強会、東京財団政策研究所の早川英男氏主宰のウェビナー、日本経済研究センターで左三川郁子氏がモデレーターを務められたWebセミナー、財務省の寺岡光博氏が主宰された講演会などでのQ&Aでは大きなヒントをいただきました。筆者の報告にコメントや質問を下さった皆様に、御礼を申し上げます。

また、会田弘継、伊丹敬之、梅崎修、大坪文雄、神田一成、坂本基、嶋田隆、白塚重典、関根敏隆、田中秀明、茶谷栄治、西村清彦、濱口桂一郎、藤城眞、松島斉、三村淳、諸富徹、八代尚宏、脇田成ら各氏には、ミーティングや筆者の主催する読書会などで様々な教えや気づきをいただきました。ありがとうございました。

本書の原案については、チームメンバーの白石洋さん、加藤あずささん、井川雄亮さんに厳しくチェックをいただきました。加藤あずささんには、何度もチェックをいただき、細かな表現まで修正いただきました。沢田香さんにはグラフの作成や文献のチェックでお手伝いいただきました。岡本佳代さんには、執筆のための日程調整をしていただきました。

チームメンバーの皆さんのサポートなしには、本書は生まれませんでした。ありがとうございました。

ちくま新書編集部の橋本陽介さんと伊藤笑子さんには、本書の作成で大変お世話になりました。ほぼ原稿を書き終えた段階で、「ですます」調への移行や章の入れ替えの提案をいただき、ちょっぴり苦戦したのですが、読み返してみると、とてもよいご提案だったと感謝しています。

今回も妻にはとても助けられました。

今夏、夫婦でドイツの幾つかの都市を巡ったのですが、その中の一つにマインツがあります。その街にあるグーテンベルクの活版印刷の博物館に筆者は強く興味を持っていました。その発明以前は、情報を発信するのも受け取ることができるのも、ラテン語の読める当時の支配階層だけでした。印刷技術の発達によって、その後、母国語での情報発信が頻繁に行われるようになり、簡単に受け取ることもできるようになって、今でいうフェイクニュースも飛び交いました。宗教改革を皮切りに、既存の秩序は瓦解し、長い中世の終わりのきっかけになりました。

ＳＮＳなどＩＴデジタル技術は、グーテンベルクの発明以上のインパクトを社会に与えるというのが『成長の臨界』で論じた仮説でした。東京都知事選や衆院選、そして兵庫県知事選で見えてきたのは、既存秩序の瓦解の兆候でしょうか。

さて、今年11月初めに、母校である宇和島東高校・第34期の還暦・同窓会がありました。執筆も概ね終えて、恩師や同級生との再会を楽しみに、飛行機に乗ったのですが、あいにくの悪天候で松山空港に着陸できず、上空で旋回を続けた後、大阪伊丹空港に飛行機は着陸しました。陸路で宇和島を目指すべく、新大阪駅に向かったのですが、新幹線のダイヤも大幅に乱れ、結局、同窓会の出席を断念せざるを得ませんでした。

会えなかった宇和島東高校の１９８３年卒の同級生、そして3年間、担任としてご指導をくださった上甲一光先生に本書をささげます。

急に冷え込んだ霜月の朝、東京で

河野龍太郎

索引

（**ゴチック体**の項目は**人名**、*斜体*の項目は*書名*を表す）

【数字・アルファベット】

【あ行】

【か行】

【さ行】

【た行】

【な行】

【は行】

【ま行】

【や行】

【ら行】

【わ行】

参考文献

会田弘継（2024）『それでもなぜ、トランプは支持されるのか――アメリカ地殻変動の思想史』東洋経済新報社
青木昌彦（2014）『青木昌彦の経済学入門――制度論の地平を拡げる』筑摩書房
アセモグル，ダロン／ロビンソン，ジェイムズ　A.（鬼澤忍訳）（2013）『国家はなぜ衰退するのか――権力・繁栄・貧困の起源（上）（下）』早川書房
アセモグル，ダロン／ロビンソン，ジェイムズ　A.（櫻井祐子訳）（2020）『自由の命運――国家、社会、そして狭い回廊（上）（下）』早川書房
アセモグル，ダロン／ジョンソン，サイモン（鬼澤忍／塩原通緒訳）（2023）『技術革新と不平等の1000年史（上）（下）』早川書房
池尾和人（2010）『現代の金融入門［新版］』筑摩書房
伊丹敬之（2022）『中二階の原理――日本を支える社会システム』日本経済新聞出版
ヴォーゲル，エズラ　F.（広中和歌子、木本彰子訳）（1979）『ジャパンアズナンバーワン――アメリカへの教訓』TBS ブリタニカ
梅崎修（2021）『日本のキャリア形成と労使関係――調査の労働経済学』慶應義塾大学出版会
オーウェル，ジョージ（山形浩生訳）（2024）『一九八四』星海社
神林龍（2017）『正規の世界・非正規の世界――現代日本労働経済学の基本問題』慶應義塾大学出版会
小池和男（2005）『仕事の経済学［第３版］』東洋経済新報社
鯉渕賢／後藤瑞貴（2019）「日本企業の海外企業買収と事業パフォーマンス」内閣府『経済分析』200号
河野龍太郎（2003）『円安再生――成長回復への道筋』東洋経済新報社
河野龍太郎（2022）『成長の臨界――「飽和資本主義」はどこへ向かうのか』慶應義塾大学出版会
河野龍太郎（2023）『グローバルインフレーションの深層』慶應義塾大学出版会
小峰隆夫（2024）『日本に訪れる「第２のルイスの転換点」を生かせ――女性と高齢者の労働力動員型の成長は限界に』東洋経済オンライン2024年５月22日
（https://toyokeizai.net/articles/-/754801）
コリアー，ポール／ケイ，ジョン（池本幸生、栗林寛幸訳）（2023）『強欲資本主義は死んだ――個人主義からコミュニティの時代へ』勁草書房

近藤絢子（2024）『就職氷河期世代——データで読み解く所得・家族形成・格差』中央公論新社
サエズ，エマニュエル／ズックマン，ガブリエル（山田美明訳）（2020）『つくられた格差——不公平税制が生んだ所得の不平等』光文社
スベンソン，ララルス E. O.『開放経済下における名目金利の非負制約——流動性の罠を脱出する確実な方法』日本銀行　IMES　Discussion　Paper No. 2001-J-6.
セイラー，リチャード H.（篠原勝訳）（1998）『市場と感情の経済学——勝者の呪いはなぜ起こるのか』ダイヤモンド社
田中秀明（2023）『「新しい国民皆保険」構想——制度改革・人的投資による経済再生戦略』慶應義塾大学出版会
ティロール，ジャン（村井章子訳）（2018）『良き社会のための経済学』日本経済新聞出版　社
デロング，ブラッドフォード（村井章子訳）（2024）『20世紀経済史——ユートピアへの緩慢な歩み（上）（下）』日経 BP
浪川攻（2008）『前川春雄「奴雁」の哲学——世界危機に克った日銀総裁』東洋経済新報社
バーク（水田洋／水田珠枝訳）（2002）『フランス革命についての省察　ほか Ⅰ』中央公論新社
バナジー，アビジット（2023）「第８章　成長戦略にはエビデンスがない　アビジット・バナジー」、広野彩子編著『世界最高峰の経済学教室』日経 BP、日本経済新聞出版
濱口桂一郎（2021）『ジョブ型雇用社会とは何か——正社員体制の矛盾と転機』岩波書店
濱口桂一郎（2024）『賃金とは何か——職務給の蹉跌と所属給の呪縛』朝日新聞出版
ピケティ，トマ（山形浩生／守岡桜／森本正史訳）（2014）『21世紀の資本』みすず書房
ピケティ，トマ（山形浩生／森本正史訳）（2023）『資本とイデオロギー』みすず書房
フッド，ブルース（小浜杳訳）（2022）『人はなぜ物を欲しがるのか——私たちを支配する「所有」という概念』白揚社
フリードマン，M.／フリードマン，R.（西山千明訳）（2012）『選択の自由——自立社会への挑戦［新装判］』日本経済新聞出版社
ブロネール，ジェラルド（高橋啓訳）（2023）『認知アポカリプス——文明崩壊の社会学』みすず書房
ベルウッド，ピーター（河合信和訳）（2024）『500万年のオデッセイ——人類の大拡散物語』　青土社

松島斉（2024）『サステナビリティの経済哲学』岩波書店
モキイア，ジョエル（長尾伸一監訳／伊藤庄一訳）（2019）『知識経済の形成——産業革命から情報化社会まで』名古屋大学出版会
諸富徹（2024）『税という社会の仕組み』筑摩書房
ラゾニック，ウィリアム／シン，ヤン－ソプ（中野剛志解説、鈴木正徳訳）（2024）『略奪される企業価値——「株主価値最大化」がイノベーションを衰退させる』東洋経済新報社
リフキン，ジェレミー（柴田裕之訳）（2024）『レジリエンスの時代——再野生化する地球で、人類が生き抜くための大転換』集英社シリーズ・コモン
レヴィンソン，マルク（松本裕訳）（2017）『例外時代』みすず書房
脇田成（2024）『日本経済の故障箇所』日本評論社
渡辺努（2022）『物価とは何か』講談社
Hayashi, F. and E. C. Prescott, "The 1990s in Japan: A Lost Decade," *Review of Economic Dynamics 5*, pp.206–235., 2002

ちくま新書
1840

日本経済《にほんけいざい》の死角《しかく》
——収奪的《しゅうだつてき》システムを解《と》き明《あ》かす

二〇二五年二月一〇日　第一刷発行

著　者　河野龍太郎（こうの・りゅうたろう）

発行者　増田健史

発行所　株式会社　筑摩書房
東京都台東区蔵前二-五-三　郵便番号一一一-八七五五
電話番号〇三-五六八七-二六〇一（代表）

装幀者　間村俊一

印刷・製本　三松堂印刷　株式会社

ISBN978-4-480-07671-7 C0233